让老板告诉你，这样做才能成为大咖主管

徐劲◎著

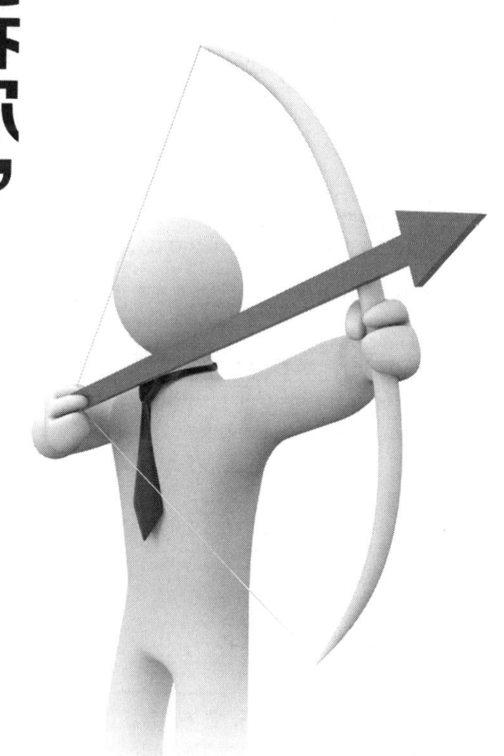

SPM
南方出版传媒
广东经济出版社
—广州—

图书在版编目（CIP）数据

让老板告诉你，这样做才能成为大咖主管／徐劲著—广州：广东经济出版社，2016.12
ISBN 978－7－5454－4999－0

Ⅰ.①让…　Ⅱ.①徐…　Ⅲ.①企业管理－组织管理学　Ⅳ.①F272.9

中国版本图书馆 CIP 数据核字（2016）第 282077 号

出 版 人：姚丹林
责任编辑：陈念庄　黄　炘
项目合作：锐拓传媒 copyright@ rightol. com
让老板告诉你，这样做才能成为大咖主管
RANG LAOBAN GAOSUNI，ZHEYANGZUO CAINENG CHENGWEI DAKA ZHUGUAN

出版发行	广东经济出版社（广州市环市东路水荫路 11 号 11～12 楼）
经销	全国新华书店
印刷	东莞市翔盈印务有限公司 （东莞市东城区莞龙路柏洲边路段）
开本	889 毫米×1194 毫米　1/32
印张	5
字数	124 000 字
版次	2016 年 12 月第 1 版
印次	2016 年 12 月第 1 次
印数	1～5000
书号	ISBN 978－7－5454－4999－0
定价	38.00 元

如发现印装质量问题，影响阅读，请与承印厂联系调换。
发行部地址：广州市环市东路水荫路 11 号 11 楼
电话：（020）38306055　37601950　邮政编码：510075
邮购地址：广州市环市东路水荫路 11 号 11 楼
电话：（020）37601980　营销网址：**http://www.gebook.com**
广东经济出版社新浪官方微博：**http://e.weibo.com/gebook**
广东经济出版社常年法律顾问：何剑桥律师

前言

站在老板的高度，才能成为大咖主管

撇开才刚刚获得升职的新主管不谈，那些在主管职位上已经待相当长时间，同时工作与领导经验丰富的主管们，在日常工作中，所面临的最迫切问题是："一个主管的具体工作到底是哪些？还有，在忙碌的工作中，该如何顺利推动繁杂的业务？"这些问题虽然看似简单，但却很少有主管能够精确地做到。

身为一个主管，你不但每天有忙不完的工作，而且所处的立场也十分微妙且复杂。如果你问任何一个主管："主管都该做些什么？"时，相信你可以轻易得到准确的回答，至于能不能够实际做到，则另当别论了。事实上，有为数不少的主管，时常因繁琐的业务而感到分身乏术，以至于无法专心地去发挥他们应有的实力。

所以，本书在"管理是什么"以及"主管的正确态度"的基础上，探讨如何做一个成功的主管，其要件包括——

- 主管到底该做些什么？
- 主管要如何安排一天的工作与行程？

- 该从何处着手与寻求各方协助？
- 如何把主管的功能发挥得淋漓尽致？
- 该如何决定工作的优先顺序？
- 如何指导、培养部属？
- 如何挑战部门的变革？
- 该以怎样的心态来完成身为主管的实务和工作？

本书根据以上问题，具体阐述了43项成为成功主管的重要元素。

主管的工作实在很难依照教科书中的指示，完美地一一加以贯彻，并顺利解决眼前所有的问题，而上司与部属又要求主管必须完美。

身为主管，该如何解决这种矛盾？答案就是掌握要点，归纳重点，然后按正确的顺序推动工作。

这个答案也正是本书的重点，因此，本书所具有的特色是：

- 新上任或资深主管的管理工具书。
- 协助那些知道“该怎么做”，但却又每天无奈地为问题和失误烦恼的有经验主管。
- 克服眼前的障碍，蜕变成受到上司与部属认同的有能力主管。

最后一章“人格魅力——成为大咖主管的通行证”，更是主管们的必修课题。就某种意义上来说，“人格魅力”是所有人类的终极目标，所以是身为成功主管绝对不可以缺乏的要素。

如何做好一个成功的主管？这是每位新上任的主管最在意

的，在别人眼中，做得好是应该的，做不好，他们对你的评价就会立刻改观，并为你贴上“失败主管”的标签。

该如何做才能收服部属的心？身为上司与部属的关键枢纽，又该如何在黑脸与白脸间取得平衡，才不会让自己落得狼狈不堪的处境？这的确是身为一位好主管所必修的重要课题。

职场虽然处处是危机，但也能随时转为良机，一切就看如何巧妙且灵活运用。无论你是新主管、有经验的主管或是储备主管，若不想成为夹在上司与部属间左右为难的人，那么就请冷静下来，好好阅读本书教导你的43项秘笈。本书将会提供全面性的方向、步骤与指导，帮助你在人格上获得飞跃性的成长，相信再过不久，你就可以成为令所有人点头称赞的大咖主管哦！

目　　录

第一章

大咖主管到底该做些什么

主管只需“执行上级交代的工作”吗

◎这个问题没有正确的答案

如果你去询问主管：“主管的工作到底是什么?”你会得到什么答案?

你可能会得到好几十种不同的答案。这些答案虽然看起来没什么大问题，但都非常片面，也只符合了某一部分的主管工作。不过，即使是具有资深主管经验的人，也无法全面地回答这个问题。

其实，主管的工作，就是结合所有参与者的力量，完成预期设定的目标。因此，身为主管，就必须有效地发挥各个组织的功能，整合所有协助这项工作的人员的力量，然后指引他们方向。

身为一个主管，如果无法明确知道自己到底应该做什么，或者仅仅拥有特定的、片面的思考方向，那么他不仅无法妥善地营运组织，更无法顺利推动工作。

“主管的工作到底是什么?”

有位主管这样回答："主管的实务能力要比别人强，才能够带领部属前进。"

这位主管的见解很精确。只是，要做到"实务能力要比别人强，才能够带领部属前进。"并不是一件容易的事。再者，从管理工作上来看，主管的实务能力真的有需要比别人强一倍吗？是不是具有这样的实务能力，就真的能带领部属前进呢？其实，当主管的实务能力比别人强一倍时，反而常常无法全面顾及到整个职场。

另一位主管的看法是："主管最重要的工作，就是要谨守上级下达的方针，执行上级的指示，并对工作的完成负起全面的责任。"这种观点看起来也没有任何问题。

但是，如果上级所下达的指示，经常是要求主管做一些打杂之类的不像样的工作时，主管是否应该谨守这种上级的指示呢？相对地，如果主管遇上一个方针和指示都不明确的上级，或是一个完全不给任何指示的上级。这时，又该怎么办呢？

"主管是什么""管理是什么"，理论上很容易定义与执行，但是在职场的实际工作中，主管们却发现，教科书的理论与实际操作有所差异，而当遇到这个问题时，主管们最想要了解的是，该如何解决它们？

以主管们在现实工作为基础，本书具体提供主管们解决问题的答案，这些问题包括：主管应该持怎样的心态？主管应该注意哪些方面？主管又该做些什么？

◎重点在于掌握关键元素

身为主管，每天都有堆积如山的工作等着要处理，但此时，他对工作也有着无穷无尽的疑问与烦恼。若想要完美地执行每一项“应该处理的工作”，那么主管就算有几个分身也不够用。

再者，虽然同样身为主管，但每个人的职权范围，所负责的领域，所带领的组织规模都不尽相同，因此工作内容也不同。

因此，对于“主管的工作到底是什么”这个问题，即使答案有数十种或数千数万种，也无法回答得“完全”。或许，比较完整的答案是，每个主管都必须根据自己的“个性”和“部门状况”，进行“个人风格的管理”。

话虽如此，但也不表示主管只要“随心所欲”地工作，就可以胜任自己的职责。主管是企业组织的“枢纽”，其管理方式将影响到业绩与部属的能力产生。这是实务工作中不可或缺的关键。主管若无法扮演一个成功的枢纽，就无法称之为主管。

“管理”与“主管”的定义多如繁星，但在大部分情况下，“主管的实务”其实并无法按照理想或理论去执行，也并非只要追求理想，实务就一定可以获得圆满的结果。有些主管小心翼翼到了草木皆兵的地步，没想到无意中犯下一个重大失误，使得主管的声望大为降低。但也有些主管看起来整天无所事事，但工作推展却非常顺利。由此可见，掌握“工作的关键”“实务的主要重点”，是主管工作的决定性关键。

上级指示不明确或从不做指示，该怎么办

◎主管需称职扮演上级的分身

当上级的方针或指示不明确，或是遇到从来不做任何指示的上级时，身为主管的你，该怎么办？

遇到这样的上级时，建议主管可以利用下列方法解决问题：

方法一：对上级说："这种问题公司以前不曾遇到过，所以没有先例可供参。我评估过公司整体的利害得失后，提出 A 和 B 两种具体的解决方案。不过我个人认为，A 方案对公司比较有利，是比较理想的解决方案。不知你觉得如何？"

也就是说，在得不到上级的具体方针与指示时，主管应该主动搜集、整理情报，向上级报告自己的见解与判断，并提出具体方案，在获得上级的认可与授权后，再将具体方案付诸实行，这就是"主管的工作"。

主管的工作并不是当上级没有给予任何指示，就可以随心所欲地按照自己的想法开展工作。当然，也不能因为上级什么都没说，主管就不知道该怎么办。

想想，假如“自作主张”的主管，他的直属上司是一个沉默、不表示意见的人，或许主管就能安全过关。然而，正常情况下，直属上司还有自己的上级，然后是上级的上级。因此，当直属上级沉默不语时，主管就自顾自地推展工作，万一工作内容与高层的营运方针发生冲突的话，结果如何就可想而知了。

所以，主管虽然没有必要随时对上级察言观色，但必须了解上级是什么样的人，并随时了解公司高层在想些什么。

方法二：扮演经营高层的分身。身为经营高层代言人的主管，不允许有任何违反经营高层基本方针的行动。

规模较小的企业，通常都是由董事长或总经理一手掌握全公司的营运，全权负起实务的责任。但随着企业规模扩大，董事长或总经理一个人无法掌握所有事情时，就需要一个“分身”来协助他，而“主管”就是充当这个分身的角色。

◎不必为上级所吩咐的杂务感到困扰

有些上级从不下达任何指示，但有些上级则是经常吩咐一些不重要的杂务。面对这种上级时，主管该如何应对？

既然已经身为主管，相信任何人都不希望受到这种“只做杂务”的指使，但也无法直截了当地对上级说：“我是一个主管，这种琐碎的事情麻烦你找别人去做吧。”因为这样势必会撕裂你与上级的关系。所以，在能力范围内，你还是要为上级处理这些琐事，但要记住别让自己成为上级的“打杂小弟”。

在为上级处理杂务的同时，也要积极的寻找适当机会，针对“必须解决的问题”“应该处理的事项”“新企划案”等，努力整理、提案，并加以具体化。

整天指派主管杂务的上级固然不对，但一味只被分派杂务工作的主管也有问题。显然，这些主管平时就缺乏主管应有的工作姿态，留给上级“工作能力不佳”的印象，才使得上级老是交待他一些不重要的、繁琐的杂务。

此外，有些主管从大清早进公司开始，就埋头处理办公桌上的文件，每天都在“处理文件”中度过。或者，整天忙着开会、接待访客、接电话。或者，把大部分的时间都用在和部属一起“作业”上。这些主管，虽然拥有着主管的头衔，却没有发挥主管应有的功能。

想要成为老板眼中的大咖主管，你在处理眼前工作的同时，还必须发挥“顾全大局”的职责，注意到以下这些重点方向：

■公司现今的业务推展有哪些方向？

■自己在工作上应该发挥哪些功能？

■在业务的推展上是否有不足之处，是关于哪些方面？

■该如何加以改善，补足这些不足？

对此，可以根据以下三点，进一步地分析出原因与结果：

■对各部属的工作进行分配。

■对各项业务负责人的工作状况进行了解。

■成果。

主管是否只该当个“意见传达者”

◎成功的主管必须具备“传达能力”

与部属沟通、了解部属的心情，对主管而言是极重要的职责，并应该把它视为主管的重要工作项目。的确，这个确实也是主管的重要功能之一，但是，这种“传达”也不可以太过强烈，以免引起上级的误解或部属的不满。

例如，当部属发出“人手不足、工作环境不佳、工作难以推动”等不满情绪时，过度强烈反应的主管，就会义无反顾地扛起这些不满和抱怨，然后不断地向上级反映，并请求上级要“增加人手、更新设备，如此部门才能顺利地推动工作。”

又例如，当上级指派某项比较艰难的工作时，主管就很容易产生否定或排斥的态度，认为“要在上级要求的期限内完成指派的工作，根本就不可能”，或者对于别的部门所委托的工作，觉得“这项工作对我们部门而言，真的是吃力不讨好”。

向上级和其他部门反映自己部属的意见，固然是主管的职责所在，但如果只是照本宣科地“传达”，那么一般职员都可以做得到，根本不需要主管来传达。可见，主管并不是单纯的“意见传达者”。

偏偏，有些主管就是如此僵化，他们总是“将高层的指示一字不差地传达给部属”。这一类型的主管不但缺乏“处理能力”，而且对于自己的“部门状况”掌握不清且漫不经心。坦白说，这样的主管根本不需要存在，因为上级若要下达指令，只需直接指示业务员或下级部属即可。但是，令人遗憾的是，这一类型的主管为数并不少。

在老板的眼中，一位成功的主管，在传达意见时应该具备这样的能力：

■把上级的话经过咀嚼消化后，再以浅白易懂的方式，具体化地传达给部属。

■对于上级和客户的指示和要求，要研究出实现的方法。

可见，想要成为一个成功的主管，不能只注意部门“内部”的不足，也不能把所有精力都放在上级、其他部门或主顾等“外部”上。越是无能的主管，越容易陷入顾此失彼的“三明治”状态。

◎主管要具备“寻找平衡点”的能力

许多主管在处于这种必须兼顾“内部”与“外部”的立场时，就会一肩扛起所有的事情。但是，一个人的能力终究有限，无法凡事亲力亲为，面面俱到。结果，在尽了最大的努力去做之后，才发现力不从心，最后只好举手投降。

一旦如此，主管的职场生活就会变得支离破碎。当主管总是把所有工作揽在自己身上时，他的部属往往会变得没有责任感，或者陷入不知该如何是好的处境。这将使得职场一直处于混乱状态。

由于在现实生活中，这种职场现象十分常见，因此，主管除了必须拥有“清楚掌握职场状况与业务处理能力”以外，还得必须具备其他几项能力，这些能力包括：

■具备“调整能力”，才能同时满足内部和外部的要求。

■具备“判断力”，才能将错综复杂的工作整理出头绪，并排出优先顺序。

■具备“说服力”，才能使要求无法获得满足的内、外部，了解部门的实际状况。

■具备“企划力”，才能使目前做不到的工作，改善到“但是只要……就可以做得到”的能力。

例如，当不得不回答“做不到”时，也会明确地让对方知道：无法跨越的困难是什么？可以做到什么程度？请对方妥协到什么程度？

更具体的说法是，当无论如何都无法依照客户的要求期限交货时，不可以只丢下一句“做不到”，而要说“只要再多给三天的时间，我们一定可以完成。不知你是否愿意等待？”在说服力与企划力上，这两种说法具有天壤之别。

当上级的指示在一时之间无法完成时，也可以如法炮制地告诉上级："以我们目前的能力，可以做到这个程度。"或者"以目前的状况，我们实在做不到。不过，只要具备××的条件，就可以做到。"

许多主管在接到上级的指示时，明明知道做不到，却硬扛下来，结果招致部属反弹，使得完成时间一拖再拖，最后不得不厚着脸皮向上级坦承"真的做不到"。

想要跳脱这种悲惨的下场，这些主管就必须具备"寻找平衡点"的能力，在自己的能力与对方的要求之间，找出能够平衡两者的方法。总而言之，就是要"切实把握职场状况"，这才是一切的根本所在。

大咖主管一定要了解这两件事

◎透过数据了解自己的职场实力

主管虽然不是公司的高层决策者，但他们却担负着某种程度的使命，而且必须完全了解所负责的职场功能，结合团队的力量，向组织的目标前进。

因此，对一个成功的主管而言，最重要的自我认知是知道自己在主管的位子上必须做些什么。或许人们会觉得这是“理所当然的事”，但要实际做到这一点，却没有想像中那么容易。

可惜的是，在实际工作中，不少主管并没有做到自己该做的事，连“自己的部属负责什么样的工作”都搞不清楚，却不停地批评其他主管不尽心尽力。

例如，身为工厂的主管，对于自己工厂的高度不良率视而不见，反而一味地抱怨业务人员为何总是接一些难做的订单回来。相反，有些业务部门的主管，不顾自己的部属在接下客户的订单时，没有切实听取客户的要求，结果造成制造部门的困扰，最后却把“瑕疵品太多”“无法如期交货”的责任全推给制造部门。

还有一些销售部门的主管，在无法达成公司要求的销售目标时，指责“设计部门和制造部门”不了解市场，所设计制造的产品不受消费者青睐。

另外，业务归属、划分不明确，也会导致部门出现推卸责任的情况。例如，催账是行销或业务部门的责任，但赊账管理却是会计的工作，若分责不清，就会导致部门的工作出现“重叠或两不管”的现象。在这种情况下，主管就应该与相关部门的主管充分沟通，明确彼此的工作分配。

又如，企划部门与行销部门之间也容易出现矛盾状况。当行销部门指责“企划部门根本不了解市场，无法切中消费者的心理”时，企划部门则抱怨“行销人员没有提供充分的情报给企划部门”。

懂得充分发挥职场责任的大咖主管，会把握以下这些前提事项：

■透过数据了解自己真正的实力。

■在自己的职责范围内，如何妥善地分配工作。

■在什么状态下能够顺利地推动业务。

■各个负责专案的部属，分别具有哪些能力。

◎掌握所有业务的相关轮廓

当企业努力在追求“多元化”的时代，主管的责任也扩及到了不属于自己专业领域的工作。由于不专精，主管往往容易将工作“丢给”相关的部属负责，问题是，当负责的部属休假或不在时，主管就会完全不知所措。虽然是不属于自己专业领域的工作，但这种工作态度根本无法尽到主管的职责。

主管平时就应该关心自己专业领域范围以外的业务，并与这些业务的专案负责人员进行交流，即使不是自己专精的工作，也应该要掌握大致的轮廓。虽然这并不表示主管必须精通自己职权范围内的每项业务，但也不能因为将它们“丢给”专案负责人，就可以完全放任不管。

在掌握了业务的相关轮廓之后，接着便需要“了解目前业务的进行状况”，尤其是那些主管本身并不擅长的业务。由于并非自己的专精领域，往往使得业务的专案负责人认为：“主管既然把这项业务交给我全权处理，那就等工作全部完成后再向主管报告。”而当工作遇到难题或延误时，专案人员因为害怕主管知道，便会自己想办法解决问题，主管则完全被蒙在鼓里。

这对主管而言，是非常不理想的状况。不论如何，这些业务都属于主管的职责范围，虽然是自己不擅长的领域，也应该随时注意业务的进度，并要求专案人员进行中途汇报，随时掌握“最新的进度”。此外，主管还要注意各个专案人员的技术程度、性格和习性。

为了了解这些业务轮廓，主管平时就应该了解专案人员的“正常状态”，一旦发现有任何“异常”时，就要特别提高警觉。尤其要随时注意部门内的人际关系，了解“谁和谁谈得来”

“谁和谁是死对头”。

当某个平时很健谈的专案人员，忽然沉默寡言、脸色凝重或无精打彩，或突然之间与同事相处不愉快，或平时很少失误，但最近失误连连等不自然的状态时，主管就要主动关心，或透过与他交情好的部属，去了解一下他是不是遇到什么困难，或有什么烦恼难解的事情。

除了掌握业务的相关轮廓，与注意部门内的人际关系外，还要每天检查一下部门整体的气氛是否有“异常”。毋庸置疑的，主管必须充分了解“部门内”的所有状况，但只是这样是否就足够了呢？答案当然是“否定的”。别忘了，大咖主管还需称职地扮演上级的分身。

外部情况绝不可漠视

◎留意内外环境改变所带来的影响

主管除了要注意部门、公司内的变化外，还必须了解业界的动态，以及社会脉动和国际形势。因为，国际形势和社会脉动会直接或间接地对企业产生影响。

以国际原物料和能源的价格变动而言，就会直接影响到外汇市场，而外汇市场的起伏会导致供需变化，景气与否会随之变动，进而牵动产业的强弱，当然也会影响到企业的经营。景气的变化，会使企业一时之间招募不到人手，或是裁员、放无薪假。

因此，主管必须随时注意内外的环境变化，积极搜集内外的情报。当然，随时掌握外部的变化是企业领导者的重要工作之一，但是，他们往往无法注意到某些区域性的形势变化、市场末端或是市场流通的细节问题。这时，主管便可以针对“高层忽略的部分”，提供自己的意见。

有些主管认为，经营者的展望、方针和指示决定了企业的动向，既然经营者已经指示了，部属只能听命行事。这样的想法其实是不正确的。因为，在企业组织中，经营者的指示具有绝对的力量。但是，经营者并不是无所不能的神，无法保证他的判断是绝对正确的。

主管虽然不能违背、无视经营者的意志，专断独行，但是，为了帮助经营者能够做出正确的决定，一位成功的主管则必须做好以下三点准备：

■搜集情报。

■准备判断的材料。

■向经营者提案。

不过，这些情报到底该如何搜集呢？透过网络、电视、广播、报章杂志等传播媒体，固然可以得到不少的情报，但却不够充分。除了这些渠道之外，主管还必须“亲自走访各地，亲自去证实”，这点非常重要。

只是，很多主管总是离不开自己的部门，有些甚至少有机会与部门以外的人接触。但是，只要愿意花时间，这个问题便能有效地解决。虽然没有机会接触部门以外的人，但却可以去找那些经常到国外出差的主管和干部，或是经常跑外务的行销人员聊天；参加社区的活动也是一种与外部接触的积极方法。

◎外部情报使工作管理更有前瞻性

留意内外环境固然重要，但最重要的是，要从各种不同行业的人身上，吸收各个领域的情报。不要只相信某一个情报，而是应该张开自己的“情报天线”。

关心工作以外的事，有兴趣与工作以外的人交往，可以帮助主管更清楚地看到，未来的国际形势将会如何变化？以及自己到底该做些什么？

虽然不必彻底投入外部资讯，把自己训练成为相关资讯的专家，但掌握外部相关的各种讯息与知识，就能够在推展自己的工作时，站在更广阔的视野上认识“工作的流程”，如此，无论环境如何变化，都可以轻松地适应。简单而言，只要切实把握“工作管理原则”，那么即使产品和部门发生了变化，主管也都可以应付自如。

自己部门的管理工作是最重要的一个环节，除了努力搜集内部情报，也不可轻忽外部情报。只有执行这种内外部的管理方式，才是称职的“主管”，才是合格的经营者。

主管必须随时注意的内外部管理，其原则包括：

■社会需要什么？

■自己想要做什么？自己能做什么？

■有多少人需要自己，这些人在哪里？如何向他们提供商品和服务？

只有当这些想法都具体化并彻底执行了，才称得上是成功的经营与管理。主管必须认识到，自己所负责的部门与工作，都应该建立在这样的理念基础上，才能更进一步提升工作的前瞻性。

知而不行，无法发挥作用

◎实际运用所掌握到的情报

由前面所谈到的内容中，我们可以归纳出，主管必须了解到：

■自己对部门的责任是什么？

■对于部门的业务，自己的实际执行能力有多少？

■是否切实掌握各项业务的状况，这些业务的负责人员是谁？

■是否充分了解部门内的情况——部属的能力、人品与现状如何？

■对于业界的经营环境、国内的景气情况、国际环境变化、消费者动向等外部的情报，是否掌握与了解。

身为主管，若无法了解这一切，那么面对上级的指示、相关部门的委托以及顾客的要求时，就不知道该如何应对。

但是，即使清楚上述的情报，但“知而不行”，依然无法充分发挥主管的职责。因此，主管必须依据所了解的状况和情报为基础，付诸行动。也就是：推敲“构想”→做出“判断”→

进行“计划”→向上级“提案”→获得上级“认同”→“指示”部属→“联络”相关部门与部属所采取的行动→向上级“报告”过程与结果。同时，也要接受部属的“报告”。

在这个“付诸行动”的过程中，最大的关键所在，是如何妥善处理每一个步骤，如此，才能有效操控工作，而非被工作所“操控”。

◎维持不同业务类型间的平衡

在部门内的工作或是主管本身所经手的业务，大致可以分为“定型业务”和“非定型业务”。

“定型业务”是部门内必须处理的工作。当工作出现失误时，部属会向主管抱怨，而主管就必须帮忙进行处理。因此，为了使“定型业务”能够顺利进行，主管就必须要在自己的领域中建立一套“体制”。每一项工作都有一定的规则，令进行中的工作，即使主管不发出任何指示，也能够顺利进行。

此外，还要建立一套“报告”制度。即当工作在推动过程中，出现延迟或任何问题时，部属一定要立刻报告，并且主管能够加以处理的体制。

如果缺乏这些“体制”“规则”“回馈体制”，主管就是凡事亲力亲为，那么即使有再多分身，也会疲于奔命。若部属人数众多时，可以将他们分成几个小组，并以各个小组领导人为中心，建立能够顺利推动定型业务进行的人事架构。

不过，只知道埋头处理“定型业务”，对“非定型业务”完全不以为意的主管，称不上是大咖主管。因为，“非定型业务”才是主管一展身手的舞台。

所谓“非定型业务”，并不是指处理突发的状况或顾客的抱怨。虽然这也属于“非定型业务”的范围，但却属于较消极的工作。只要能够切实做好“定型业务”，这些问题发生的概率就会缩到最小。积极的“非定型业务”工作，是主管不得不做的事情，就是“提升工作品质”。这些事情包括：

■决定业务课题，推动新企划。

■努力研究新的工作方法，并改善现状。

■传授菜鸟部属工作秘诀，指导并提升其工作能力。

这些积极的“非定型业务”工作，当然无法一朝一夕就完成。它们虽然是“非定型”的业务，但必须在日常工作中，持续不断地执行。

例如，每一季或每半年设定一个业务课题，并在这段期间内完成目标。但不能为了追求这个目标，而将“定型业务”置之不理，否则就会得不偿失。

可见，在“定型业务”和“非定型业务”之间取得平衡，是优秀主管的必要条件。但由于每个主管所负责的部门不同，定型业务的多少也有差异。但无论如何，仍然要努力建立积极的体制，并确保改善和指导的时间。再者，为了不让自己陷入整天在处理相关的外部杂务中，主管应该明确行动日程和期限，并随时监督。

建立个人风格的管理

◎把握部门各个环节的线索

前面已经谈过，主管的工作并不是“只需执行上级交代的工作”，不该只当个“意见传达者”，也不需要在实务上花费比别人多一倍的精力。主管的工作是，必须“充分把握部门的状况，顺利推动工作，结合部门所有人员的力量，朝着上级要求的目标前进，并达到预期的目标。

只是，往往言语沟通上能够轻易理解的事情，等到要具体执行时，才发现知易行难，经常不知道该从何着手才好。如果你是一个刚来到新部门的新主管，那么，你该从何着手你的工作呢?

首先，你应该会想到先从“记住部门人员的名字”开始，然后，了解“每个人所负责的工作”。为此，你就得和部门里的每一个人面谈，而且最好是事先请每个人在面谈前，先写下“自己所负责的业务”和“目前面临的问题”，如此可使得面谈更具效果。

此外，在正式上任前，前任主管会与自己“交接工作”，当然也应该向上级请教自己即将负责的部门的状况和问题。然后在此基础上，与部属进行面谈。

还有很重要的一点是，每个部门都一定有“资料档案”，所以在上任后，一定要把这些档案一一过目，并与部属重新检讨业务的分配，以确认自己所负责的部门的责任。

无论你是新上任或是由别的部门调任，一旦上任后，就要四处去打招呼，了解部门的大概状况。虽然一连串的交接工作、与部属面谈、会见访客、参加会议……会让你感到分身乏术，但你还是要及早向各个相关部门打招呼。

虽说万事起头难，但若是省略了这个环节，一走马上任便直接处理实务工作，将自己变成一个只会埋头工作的人，那么你将很可能无法发挥“主管”的职责。一旦陷入永无止境的工作中，就难以再逃出那个深坑了。

◎先改善部门，再求功

前面所谈的主管，是以新任或转调为主，是一个不同于原来部门的新领域主管，但还有一种是由部门内直接“升职”的主管。这两种情况有所不同。

由于由部门内直接“升职”，当然就不需要重新记住部门人员的名字，对部门的情况也早已充分了解。这虽然可让新主管节省很多摸索的时间，但也往往因为对环境过于熟悉，反而在一开始就掉入陷阱，被卷入工作的漩涡，失去自我。

因此，新主管不要急于求功，而必须脚踏实地从改善部门开始着手。在升任主管之前，很重要的一件事就是：仔细观察自己上级的工作方法。

所谓“当局者迷，旁观者清”。先以旁观者的身份观察，就能够清楚了解到，“如果是我的话，这件事情应该……做会更好”“这个地方应该这么调整，会让过程更顺畅”，等到自己当上主管时，就可以按之前还是部属时的立场，去想问题，让自己的工作更出色。

总之，部门人员在迎接你这位“新主管”到来后，心中不免会隐藏着不确定与不安的感觉。他们会将焦点都集中在你的身上，会想看看你有什么能耐带领他们，但又期待你可以让部门变得更好。

因此，在坐上主管的位子后，你必须要有“个人的新工作方法”。问题是，这个新工作方法该在何时运用呢？

如果你是被调任或升职到不同的部门担任主管，那么在充分了解部门状况以前，在某种程度上，你必须抱着学习的态度，先萧规曹随地暂时承袭前任主管的工作方法，一切行动以搜集情报为最优先。如果没有做好这一点，一味求新求变，只会令部属感到不安，甚至出现抵抗、不配合的态度。

至于何时改变工作路线，执行“个人的新工作方法”呢？这就必须根据部门的实际状况而定，但也不能永无止境地“抱着学习的态度”。最好的时机是，当确实掌握了部门的状况后，就可适时地发挥自己的个性。但无论如何，你的个性都不可以违背“公司的基本方针”。

如果你是在自己熟悉的部门获升为主管的话，就可以立刻着手“建立个人风格的管理”。不过，如果你的新路线与旧有的路线出现一百八十度的大改变时，就会使得已有不安全感的部属更加不知所措，如此反而无法顺利推动工作。

所以，即使是内部直接升职，在刚开始时，你仍必须保持和缓的节奏。绝对不要“急于求功”。而必须根据实际情况，分两个阶段或三个阶段，按部就班地改善部门，建立你的风格管理。

第二章

大咖主管要这样安排每一天

上班前后，心态要调整好

◎充裕的早晨，使一天都往好方向发展

在了解了“大咖主管到底该做些什么?”之后，本章将讨论“主管的实务”，也就是“大咖主管要如何有效安排每一天”。将依上班到下班的顺序，整理并详细解释主管每天在职场内外部的工作方法。

首先，是上班前与上班后的心态转换。这与一天最后的“下班时和下班后如何度过”有极深的关联性。

工作是连续循环的，早上与中午、中午与晚上的循环，晚上又与第二天息息相关。所以，无论从哪里开始，一定都与之前相关。这正是所谓的“今天是昨天的延续”。因此，必须在“生活作息正常”的前提下，才有可能讨论与规划第二天的工作行程。

主管应该比部属早到公司，还是应该晚一些呢?这个问题，有两种不同的看法。

有人认为，主管应该第一个到办公室，如此才能掌握并指

示工作；但也有人觉得，主管即使没有在办公室坐镇指挥，部门也必须要正常运作，否则一旦主管不在或出差时，部门不就会陷入一团混乱？

这两种看法其实都很合理。但原则上，主管平日应该提早三十分钟左右到达办公室，但是不要在非上班时间内，随意差遣部属做其他事，以免招致部属的反感，认为“经理要把自己搞得那么忙是他的事，可是现在还不到上班时间，我干嘛那么勤快!”

除非是非常紧急的情况，否则主管其实可以利用这半个小时好好地放松自己，并充分做好准备工作，然后迎接一天正式工作的开始。

◎提早三十分钟到办公室

到了公司以后，坐在自己的位子上，桌上应该放着这一天的报表、工作行程、业务进度报告等，也就是前一天对第二天的工作所做的构想与规划。

因此，昨天业务的结束方法，将决定今天早晨能否顺利开始。只要昨天结束时切实做好功课，今天便可以不费力气地知道该以怎样的顺序进行工作。只要把昨天留下的便条纸上所提醒的事情稍加整理，就可以完成工作了。

但是，如果昨天的工作没有完成，那么今天早晨就算要多花一点时间，也一定要做好准备工作。可见，如果能够做到

“今日事，今日毕”，则每天早晨都能够立刻进入工作状态。

因此，不妨利用提早到办公室的这三十分钟，决定一天的工作流程，并在完成这项“准备”、开始上班工作，便可以一边看报纸，一边不经意地观察纷纷走入办公室上班的部属。

这里所指的看报纸，并不是真的要你仔细阅读每一篇文章，而只是大致地浏览一下标题而已。其实，这个举动的目的，是让部属在毫无心理准备的情况下，观察部门的情况。简单地说，真正的用意是要观察部属的状况。只是，如果视线过度集中在部属身上，主管的视线会令部属感到有压力，所以只好利用看报纸的举动来作掩饰。

在一开始上班时，尽量不要令部属感受到有压力，让他们可以在轻松的气氛中投入工作。虽然，适度的压力有利于提高部属的工作效率，但必须视他们的状况而定。当部属的精神极佳、身心状态都很好，脸色愉悦、步伐轻松，就可以给他们适度的紧张感。

至于开始工作之前，是否要召集部属开早会，这也必须根据时间、地点和场合而定。但如果有特别需要交代、加强，或是需要特别提醒部属的地方时，就应该举行早会。总之，早会不可以占用太多时间。无论如何，早晨时光是决定一天工作成果的重要时刻。

如何有节奏地处理业务

◎依据“急迫性”处理

一天的工作正式开始后，各种业务也开始接踵而来，包括与上级开会、电话、访客、与部属的业务会议等。

面对这些复杂的工作，主管必须要有“决定哪项工作先处理”的判断力。一般而言，该优先处理的应该是，与部属之间的简单讨论和必要的指示。但是，对于客户的电话、已预约的访客、预定的会议等工作置之不理。

该如何有节奏地处理工作？首先，必须依照业务的“急迫性”来处理。不过，急迫性的业务并不是每天都会出现。如果每天都有一大堆紧急的工作要处理，那就表示主管的工作方式出了问题，有必要重新检讨工作方法。

由于主管的工作通常以“资料为中心”，所以，我们就先从“文件的判断方法”开始探讨。

通常，主管的桌上会放上一堆等待处理的文件，以及一些部属直接交到主管手上的文件。主管在处理这些文件时，应依文件“急迫性”予以大致归类，并依序处理：

■需要主管盖章认可的文件。

■需要做出裁决、回复的文件。

■必须执行的文件。

■只需了解、掌握轮廓的文件。

■可以成为判断和企划材料的文件。

■对上级已指示、委托事项所做出的回复和报告的文件。

◎依据“重要性”处理

虽然文件的内容五花八门，但在处理这些文件时，必须根据其“急迫性”和“重要性”来加以判断。

毫无疑问，“必须立刻执行”的文件，一定要优先处理；其次，则是处理你认为“特别重要”的文件；至于“只需了解、掌握轮廓”的文件，则将其要点记录下来即可。

关于“需要做出裁决、回复的文件”，则要确认“必须在什么时候以前”的时间期限，并将截止日期记录在日程表上。在处理完必须立刻执行与立刻回复的文件后，如果还有时间，就要尽快处理那些时间比较不紧迫的文件。

总之，主管必须牢记的一个原则是，桌上的文件经常堆积如山的主管，不可能有良好的工作绩效。必须保持“桌上几乎只有少数文件”的状态。

文件归档也是不可忽视的工作。处理完的文件要立刻归档，保持随时需要使用时，便能够马上知道“那份文件在什么地方”的状态。虽然文件归档是部属的工作，但是主管也应该清楚文件的归处。

文件归档时，可依照客户别、地区别、商品别等类型，分门别类地加以保管，然后再依日期顺序，整齐有序地排列。这个归档方法非常简单，当需要使用它们时，便可以毫不费力地找到。

对于一些无法立刻处理的文件，则可以记录在便条纸或记事本上，便可以随时提醒自己要追踪进度。总之，处理文件的铁则就是：不要让文件在桌上堆积如山。

如何回应非直属上级的指示

◎认真听取直属上级的指示

上级的类型有很多种，指派工作的态度也都不一样。有的上级会不停地指派琐事；有的会把工作的来龙去脉、细枝末节都交代得一清二楚；有的则是完全授权部属，而且只看最后结果，不干涉过程。

不过，最令主管感到困扰的是，当自己正在执行一项重要的业务时，上级却吩咐自己去做一些无关紧要的琐事。

遇到这种情况时，身为部门主管，不论如何都必须以“部门负责人”的立场为最优先，不要因为听命于上级的指示，而丢下自己的工作不管。

例如，当正在进行一项对部门非常重要的会议，或正在处理一项紧急事宜，但上级却突然指派你去做一项并不是那么重要的工作时，不妨直接告诉上级你目前的状况。同时趁机请教上级：“你指示的这件事很急吗?”上级如果聪明的话，就会有所领悟地说：“没有关系，我找其他人去做好了。”

不过，上级所指示的工作不见得都是一些“无聊的琐事”。有时候，上级明知道你正全心投入某项工作中，但仍然希望你能优先处理他交代的事。这时身为主管的你就必须“认清现实”。

首先，向上级确认，“我正忙着处理一项很重要的业务，等我把这件工作完成后，就立刻去做你吩咐的事。”当然，如果上级所交代的事情很重要，或者有急迫性，那么主管还是得暂时放下自己的工作，先去完成上级交代的工作。

在接到上级的指示并进行沟通时，主管必须把握一个重要的原则——不要有先入为主的观念——一旦有了这种想法，就会认为“反正上级一定会这么说”，于是对上级的指示左耳进、右耳出，最后可能因此遭受严重的教训。

因此，主管在听取上级的指示时，必须慎重其事并思考以下重点：

■上级真正要说的是什么？

■这个指示到底是什么意思？

■我该什么时候执行这项指示呢？

当然，除了直属上级以外，你还有来自其他部门的非直属上级，当接到他们的委托和指示时，要特别警觉。因为，跨部门上级的指示，是属于“斜向指示”，也就是直接跳过你的上级所下的指示。所以，一定要向你的直属长官报备。

◎跨部门上级的指示，不须照单全收

一般而言，大部分公司的指挥系统都很明确，为直属关系的指挥，但有些上级会发出跨部门的委托和指示，而这样的指示往往会造成体制混乱，给接受指示的主管带来不小的困扰。

遇到这种混乱的情况时，主管就应该在部门内部会议中，提出该问题讨论如何制定相关的体制。虽然凡事必须根据实际情况而定，但跨部门上级所指示或委托的事情很紧急时，还是得立刻加以处理。

这种问题并非只发生在主管身上，也许其他部门的主管，也会直接越过你，向你的部属直接发出指示。当这种事情发生在你的部门时，身为主管的你又该如何处理呢?

撇开公司体制不谈，就人际关系上，其实也不一定所有的事情都要中规中矩，但也不该过度地通融，否则自己可能因此而变成上级的“小弟”，而自己的部属则变成其他部门主管的“小弟”，如此势必对自己的工作造成影响。

因此，当来自不同部门主管的委托和指示不合情理时，应随时与直属上级商量，至少应该让直属上级尽早了解情形。

总之，无论是与对上级或部属，平时都要保持密切的联络、报告，只要做到这一点，上级和部属就可以理解你的立场、职责和状况。如果你的上级至今仍然不断地指示你去处理杂务的话，那就表示你平时与上级的联络不够密切。

指示部属时的重要原则

◎注意部属的身心状态

想成为一个成功的主管，必须守住一个大原则——“如何与部属相处”比“如何与上级应对”更加重要。因为，主管的直属上级只有一个，但他的部属却不只一个。

正因为如此，所以主管才需要提早三十分钟进办公室，好利用这段时间暗中观察前来上班的部属的情况。当察觉某位部属神情显得异常时，就该立刻关心地上前询问：“你怎么看起来好像很累的样子，身体不舒服吗？还是昨晚失眠了？”只要确定部属异常的原因，就能够很快地加以处理。

如果部属的回应是：“真被你说中了，我昨天是失眠了！”或“我是有点发烧，应该是感冒了！”这时你只要安慰地说：“这样啊，那今天就别太辛苦工作了，下班后就赶快回家补眠吧！”或“发烧啊！那要记得多喝水哦。如果真的不舒服，就要去看医生，别硬撑着！”

如果部门的工作一向都是“非常辛苦的”，那“别太辛苦了”这句话，不但无法安慰部属，还可能伤了部属的心。这时你的处理方式应该要具体一点。例如，对部属说：“我请阿杰来帮你做，你先去休息一下吧！”或“你今天的工作我会帮你处理，你赶快去看医生吧！”

比较麻烦的状况是，部属对你的关心，只是轻描淡写地回应“没什么”。果真没什么，那就万事大吉，就怕他把工作上的烦恼、同事间的人际关系或私人事情埋在心里，而影响到工作效率。如果你的部属是报喜不报忧的人，不妨告诉他：“有任何事情或麻烦，可以随时来找我。”然后继续保持观察。如果他还是表现得很不对劲的话，可以找机会与他单独谈谈。

理解部属的心情，对部属的健康加以了解，这也是主管的重要工作之一，而主管随时注意部属的各种情况，可以使部属处于最佳的工作状态。但绝对不能对部属过度保护。照顾部属时，仍然需要坚守“以工作为中心”的原则。

◎依据“工作过程的变化”对部属下指示

一般情况下，即使主管没有特别指示，大部分的部门员工也都会了解“自己今天应该做什么”，并且不需任何人催促，就会主动去执行。

但身为主管就不一样了，他必须切实把握每一位部属的工作内容与进度。当无法明确掌握时，若是部门的员工人数不多的话，主管可以利用上班前的时间，一一了解各个部属目前的工作内容，进度如何，今天要从哪里开始着手等，但若部门员工超过十人以上时，就以分组方式，向小组领导者确认状况。

当然，这项工作最好在工作结束前进行，以便部属第二天一上班便能立刻进入状况。而且，在下班后到第二天上班前这段时间内，若有什么新的状况发生，只须在第二天早上向部属稍加指示即可。

所谓“下班后到第二天上班前”这段时间内的变化，是指在接受部属的工作报告后，上级或客户有新的指示或要求，或是在一大清早上班时，主管掌握到某些新的情报等。因此，只要在前一天工作结束时，确实计划好第二天的工作，那么每天开始工作时，只要针对新的、例外的、突发的变化加以处理即可。如此，在上班前对部属的指示，就不需要花费太长的时间。

当一天的工作开始后，部属也会随时向主管提供新的情况，并且随时会向主管讨论与请教。但由于主管经常需参加会议、外出或出差，因此，必须明确向部属告知自己的联络方式，以及什么时候回公司。如果部属不方便与自己联络，那么主管就一定要随时打电话回公司，与部属保持顺通的联系。

妥善处理部门内、外的会议

◎有效能地举行部门内的会议

在一天的上班时间内，参与洽商和会议会占去主管很多的时间，而洽商和会议又可分为部门内与部门外两部分。

部门内的会议，很有可能是主管自行主道，或者由上级、部属主导。当会议是由主管主导时，主管必须注意两个要点：

■明确的会议目的：第一个目的是，针对主管的特别命令、执行以及共同作业的分配、进展等，主要在于“贯彻自己的想法”；第二个目的是，征求参与者的意见、收集情报，提供意见。

■开会时要保留充裕的时间以进行第二个目的，所以在开会前应该要先通知参与会议的成员，好让他们能够事先做准备。

如果开会的目的是为了“贯彻自己的想法”（第一个目的），那么应该在会议举行之前，先向会议参与者传达这个意思，才能有效率地结束会议，并请与会者尽可能避免提出反对意见。若是有什么根本性的问题，可以另外找机会开会讨论。

为了让会议具有高效率，还应该要设置“定期会议”或

“检讨会议”。“定期会议”的目的，主是要简短地传达工作重点，并听取部属的工作报告，并不需要花太长时间。

“检讨会议”则是要让成员针对问题焦点畅所欲言，所以需要花费较长的时间。进行“检讨会议”时，最好能够当场就得到结论，若遇到无法解决的问题时，不要急于求结论，可以请与会者回去好好想一想解决方法，并在下次会议上提出来讨论。

有关改善部门和工作的主题，可以先交给小组负责人进行，好让部属能够自主地讨论出解决方案。基本上，除非遇到特殊问题，只能由相关人员参与会议，否则部门的每位成员都应该参加部门会议。总之，谁该参与或不需参与会议，可以视实际情况而定。

有些问题如果是个别讨论就可以得到解决，或者它只是一小部分人员的问题，那么只需要请相关人员参加即可，等到讨论出解决方法后，再向全体成员报告会议的经过与结果。

◎参与部门外会议的规则

主管除了部门内的会议外，还经常需要参与部门外的会议。部门外的会议大致包括以下几种：

1. 由自己的部门主导，召集相关部门与客户参加的会议。

2. 与相关部门的协调会议。

3. 受邀参与其他部门或客户的会议。

如果是由自己的部门所主导的会议，可以依照部门内的会议模式进行。也就是说，可以事先确定会议目的，并将会议的日期、时间、地点和主题通知与会者，好让与会者也可以事先做好准备。

会议可以根据“为贯彻自己的要求，寻求各方协助”“搜集各方的意见和情报”“必须获得结论”等事项加以整理，然后再进行会议。

这类型的会议与单纯的部门员工会议的不同之处在于，会议结束后，彼此较少有见面的机会。因此，举行会议前，必须特别确认“由谁推动进行”，必要时还要加以追踪。同时还应该预先向会议的关键人物“打声招呼”。

面对这样的会议，主管通常无法独力完成事前的准备工作，因此，不妨从部属中挑选一个与自己意见一致的部属来当助手。

由自己部门所主导的会议，当然可以按照自己的节奏进行，但是当会议由其他部门或客户主导时，会议的节奏就无法依照自己的期待进行。

会议的进行可能不顺利，时间也许会拖很长，最糟糕的是，最后还可能因为没有共识，而使得会议不了了之。但无论如何，主管都应该预先将自己的想法整理出来，然后再去参加会议。

如果同时有好几个会议要参加，主管就必须判断哪个最重要，并决定要参加哪一个会，其余的就请部属代替出席。在请部属代替出席会议的时候，一定要让部属充分了解自己对会议主题的意见，并要求部属在会议结束后必须向自己报告。当然，自己在参与了某个会议后，也必须向自己的上级报告。

得体应对访客与电话的技巧

◎以“公事公办”为应对原则

既然坐上了主管的位子，访客和电话数量变多，这是很正常的现象。有时候，接待访客、接听电话可能就占去了主管一半的上班时间。

为了不让绝大部分的时间都花费在访客与电话上，主管必须向部属交代清楚，若是没有预约的“不速之客”或电话，原则上都应该予以拒绝。

不过，有许多公司并没有设置柜台或接待处，使得访客可以登堂入室地直接进入部门里。有些公司即使有专人接待访客，访客仍然会直接出现在主管的面前，例如，上门推销的业务员。

面对这些情况，主管该如何应对呢？其实，主管可以了解一下大致情况后，如果不速之客的问题不是“当务之急”的事情，可以另外安排时间细谈。但是，这些不速之客并不一定都不具建设性，他们想要谈的内容也会是主管搜集情报的管道，因此，如果时间允许的话，不妨听听他们想说些什么。

除了访客之外，接听电话也需要有得体的应对技巧。主管所接到的电话很多时候都是上门推销的，通常都不具建设性。这类型的电话可以在了解谈话的内容后，便立刻挂断。

问题是，如果访客捧着介绍信来见你，或透过介绍而打来的电话，又该如何处理呢？在这种情况下，为了顾及介绍者的面子，当然无法拒绝。但也不能因此而放下工作，聆听他们的诉求。你仍然要坚持“公事公办”的态度，抱着诚意倾听对方的谈话，但反映必须直接、坦率。

事先预约的访客或客户的电话，虽然不能拒绝，但也要懂得掌控时间，否则会耽误到其他的工作进度。不要明明接下来还有工作安排，却仍然坐立不安地听着客户讲话，或是挂断对方的来电。这时，你可以直接告诉对方：“实在很抱歉，我待会儿还有工作要忙，我们要不要另找时间仔细聊聊？”

当事前联络不够充分时，主管常常会接到对方来电询问细节。因此，如果你是一个整天忙于应付询问电话的主管，就必须检讨一下自己的工作方法是否缺乏效率。

◎充分确认“不速之客”的来意

“不速之客”有时候也可能会成为你非常重要的客户。因此，当碰到这类型的访客时，即使不得不改变原来的工作安排，也要与这位“意外的财神”见面，并聆听他的诉求。

其实，在对待不速之客时，也不必过于紧张或防卫。对方既然会冒昧拜访，自然会做好被拒绝的心理准备，当看到你忙得不可开交时，一定会识相地知难而退。

万一，你已忙到分身乏术了，但对方却无意离开，那就表示他一定有什么特别的意图。这时你就必须提高警觉，仔细确认对方的目的。

但若是你与对方已见过几次面，对对方的习性也有了一定程度的了解。如果对方是那种“没有什么事情也赖着不走”的人，你就不必对他太认真。等到你们的谈话告一段落时，就直接问他：“你今天来找我，是不是有什么别的事？”

另外，为了预防在开会或会客时，也可能会有预约的访客来访。这时你就必须先提醒部属：“我开会的时候，如果××客人来访，就麻烦他稍微等一下。”

最重要的是，要指示部属：“在我开会时若有客人来访，要立刻通知我。”即使是没有预约的不速之客或电话，也要“写张纸条通知我”。否则，一等到会议结束时，对方可能已经离开了；或者想要回复对方电话时，却找不到对方的电话号码，而错失了联络的机会。

总之，主管平时就要常常提醒部属一个待客之道的大原则——拒绝第一次来访的客人、没有透过关系介绍的客人或上门推销的业务员等，都可能会导致天大的失误。

不过，若接到的来电是一通强迫推销的电话，那就无须耐心应对，但在直接拒绝对方之前，必须充分确认其目的，以免犯下不必要的错误。

向上报告与向下听取报告

◎工作汇报必须当天完成

从早上踏进办公室开始，主管便忙着批阅公文、听取上级的指示、向部属下指示、洽商、开会，接见访客、接电话等。除此之外，还要进行业务管理、追踪进度等定型业务。

直到听取部属的报告，并向上级汇报后，一天的工作才算真正地告一段落。虽然有些部门会要求部属以“书面日报”的形式报告定型业务，但是，这样的报告形式通常无法充分获得运用。例如，有些部门的日报会几天才呈报一次，如此主管就无法及时地掌握情报，也无法发挥日报应有的功能。

日报应该要每日呈报，而且必须包含两项重要项目：数字的结果、问题点和有待解决的事项。此外，主管还必须训练部属养成及时报告的习惯。以生产部门为例，主管可以事先视察现场，加以监督，要求各小姐负责人在工作告一段落后，养成随时检查的习惯。

对于必须经常外出的行销与业务部门，由于主管无法直接监督，因此，要让部属养成尽早回公司、汇报完一天的工作后再回家的习惯。

不过，行销与业务工作毕竟是与人接触的工作，如果在工作好不容易渐入佳境时，就为了要赶回公司做汇报而中断，反而显得本末倒置。在这种情况下，不妨采取“单件工作日报”的方式，意思就是，利用在拜访完一家公司后的时间，记录拜访要点。

至于间接管理部门，由于它与生产、行销业务部门的性质不同，往往没有日报，也看不到数字结果，因此员工容易出现毫无目标的，然后时间一到就下班走人的情况。为了预防这种毫无效率的工作态度，主管必须要求部属切实报告以下几个事项：

■工作进度如何？

■工作上有遇到哪些麻烦的问题？

透过这样的方式，主管在听取了所有部属的报告后，再向上级报告。而在向上级报告时，主管不能只是单纯反映部属的报告，而是要将部属的报告归纳出重点。毕竟，你的上级同时得听取许多部门主管的报告，因此当你向上级报告时，必须要重点描述清楚，才能达到最佳的效果。

◎善用“联络簿”报告方式

向上级报告时，时机十分重要。以行销和业务部门为例，部属无法赶回部门向主管报告是常见的情形，而主管如果坚持听完所有部属的报告后，才向上级报告的话，那么，上级可能要到深夜才能回家了。万一上级在下班后另有安排，可能就无法等你的汇报了。

遇到这种情况时，最好的解决方法就是及时向上级报告："××业务员还没有回公司，所以我先报告目前所掌握到的工作结果。"

如果你经常无法顺利地听取所有部属的报向，然后向上级报告的话。不妨在部门里放置一本联络簿，让无法赶回公司进行报告的部属们，可以将报告写在联络簿上。同时，当自己无法与上级碰面时，也可以将报告写入其中。

联络簿内容，除了主题以外，还可以设置"报告者""受文者""是否需要回答""读完报告的检查栏""回答栏"等项目。如此一来，即使彼此无法碰面，也一样可以做到切实报告的效果。

善用各种汇报方法，与上级和部属保持密切的联络，如此，主管的工作便能够顺利推动。只要工作顺利，报告自然也可以简单完成。可见，报告、联络与工作的关系，就像是鸡生蛋、蛋生鸡的关系一样。主管如果无法掌握所有部属的报告，就无法向上级做重点、清楚的报告，那么工作上就一定会发生问题，最终使得自己为了处理这些问题而手忙脚乱。

在听取部属报告时，主管必须切实做到以下两项要点：

1. 要求部属切实报告。

2. 当报告内容缺乏重点、模糊不清，或者没有按时报告时，就必须予以催促，对于不明确的地方，更应该毫无顾忌地向部属确认。

在向上级汇报时，主管必须注意以下两项要点：

1. 清楚明确。

2. 将部属的报告和部门的状况经过整理后，再提出报告。

为了使报告不流于形式，而是做到让上级能够正确了解实际情况，主管可以考虑运用“列举法”“数据”“照片”“曲线和图表”等技巧，让报告的内容更具体性，更容易理解。

若是遇到紧急情况，没有时间整埋详细资料，但却必须立刻报告时，不妨采取“先以口头或便条的形式”，事后再补齐完整的报告内容。

今天如何结束工作，决定明天的结果

◎不要只想“结束”，而要想“怎么结束”

在归纳部属的报告，并完成向上级报告后，主管一天的工作也就暂告一段落了。但在实际工作中，它并不像表面看起来这么轻松，因为主管经常得加班到很晚，再不然就得参加公司外的招待、聚会，因此，忙到深夜才能回家是很常见的事。

主管在每天的工作中，根本不是一般人们所想像的那样，只要批批文件就行了，尤其在下班后，更是如此。虽然如此，主管也不能因此就苟且过日，而且一定要做到“今日事，今日毕”，不要把今天的工作拖延到第二天，否则明天从一早上班开始，就会陷入一团混乱。

的确，工作是“连续”的，是永无止境的。当手上有一大堆工作时，有时候也难免会把它们留到第二天再处理。但为了不让第二天的工作陷入混乱，主管在下班前必须要做到几件事：

1. 在今天下班回家之前，设定好明天的工作构想和顺序。

2. 今天一定要完成的工作，要优先处理。

3. 当工作必须留到第二天时，必须了解第二天要“从哪里开始”“工作的顺序是什么”。

4. 第二天在处理今天未完成工作的同时，也不能影响原本的工作。

对主管来说，“如何分配工作”才是关键。如果主管抱着“又上了一天的班，今天真是累坏了。剩下这些工作就明天再说吧！”的心态，那第二天势必会不知该从何处着手。

正如本节的标题所说的，“今天如何结束工作，决定明天的结果。”因此在一天工作接近尾声时，主管必须思考的是，“今天要在哪里告一段落？”与“明天要从哪里开始？”

这对有效率的工作极为重要。主管必须要意识到，“今天的结束是明天的助跑”，所以必须确定“哪些工作必须在今天完成”，并切实加以完成。在完成后，也不可以懈怠，还必须规划明天的工作，这才是当一个成功主管的基本职责。

◎善用时间为下一阶段“构思工作”

当手边堆积一大堆工作等着你去完成时，即使你每天想要做到“今日事，今日毕”，也无法如愿以偿，而这则会影响到第二天的工作效率。

当这种情况持续了一星期时，就应该利用周末假日的时间，把尚未解决的工作处理完毕，绝对不要拖到第二个星期。同时，在休假前，构想好下一个星期的工作该如何推进，如此，等下星期开始上班时，才可以轻松应付。

不论工作是在一天、一星期、一个月、半年、一年结束，在此同时，你都应该要思考下一个阶段“要如何开始”，而不是一心只想到要“赶快结束”。“随时都思考如何开始下一项工作”，这是主管不可或缺的成功特质之一。

即使不得不将工作延迟到下一天、下星期、下个月、下一季、下半年，也要确保每天都有“构想工作安排”。如果在下班后还需要接待客户；或是与别人约好见面；或是在拜访客户后，直接回到家中。你都应该在离开该部门或工作之前，确实安排好第二天的工作。

通常，在下班前，所有人的心情都开始不安定起来，无法保持平静，这使得部门的气氛变得乱哄哄的。这时，主管可以等到部属离开办公室后，花一点点时间，思考一下工作构想；再不然，也可以利用安静的会议室，确保自己有“安静思考”的时间和场所。

今天下班前的十至十五分钟“构想工作”时间，远远胜过明天的一两小时。

第三章

该从何处着手， 并寻求各方协助

保持客观、注意流程，便能掌握部门

◎保持客观的态度听取部属工作状况

说实在的，主管的工作其实非常复杂，而且经常会几件工作同时发生。但只要观察主管在公司里的地位，就不难理解主管工作复杂的原因。若由上下的关系来看，主管一个人得面对数位或数十位部属、上级长官以及横向关系的人。

主管在做任何事情时，若是只注重上级的指示，那么就会忽略与部属的应对。所以，主管的工作重心到底该放在哪里？这是个不容易回答的问题。

一般来说，在升上主管之前，个人通常都能够专注于自己所负责的工作，但是一旦坐上了主管的位子后，就不再只是关注自己的工作了，而是一下子必须同时注意四面八方的情况变化。

主管最首要的工作到底是什么？答案就是掌握部门的状况。无法做到这一点，你就无法发挥部门整体的机能和职责。

想要掌握部门的状况，可以从“了解各项业务负责人的情况”开始，不过不能盲目地信任这些负责人的报告。例如，当某位部属要求："我的工作量实在太大了，真的忙不过来，请为我增加几位人手。"时，主管就不能盲目地相信他的话。主管必须站在客观的角度，了解"这位部属到底忙到什么程度"。

或者，当部属说："一切都很顺利"时，主管也必须认识到，其实自己并无法了解事情是否真的顺利。主管这样的反应并不是不信任部属，而是他与部属对"工作顺利"的定义不同。

因此，在听取部属的状况时，主管应该保持两个重要的态度。第一，主管必须实际了解并确认；第二，不要只听一个部属的汇报，要向多数的部属了解情况。

或许，某个业务负责人向你报告："工作很顺利，没有出现什么特别的问题!"，而负责另一个业务的部属却抱怨："工作不但经常拖延，还常常出错，需要加以补救，希望能多改进。"

类似这种情况绝对会经常发生，由于立场的不同，可能会影响人们对事物的认识，但这并不是负责的部属故意说谎，而是主管听从部属的说法，任其随意发展，使得部属们也就不把它们视为问题。

◎"流程"才是重点

尤其是从部门内部升上来成为主管的人，更要特别注意态度客观的问题。由于这些主管总认为自己对部门的一切了如指掌，以至于把重要的问题视为"不过如此而已"。因此，我建议在接任主管时，要进行一次"部门总检查"。

在进行部门总检查时，应该要循序渐进地注意以下几点：

1. 确认部属各自所负责的业务。

2. 确认工作流程。

3. 确认流程的瓶颈是什么。

4. 确认每个部属所负责工作的“量”和“质”。

5. 确认每个部属的技能、设备和器具。

其中，确认“流程的瓶颈”一项，对于掌握整体部门，提升部门素质十分重要。这也正是经验丰富的部属与主管的最大区别。主管如果无法了解这一点，眼光只是一味地停留在各别的作业和部属身上，就无法使部门整体获得提升。

而这也是许多主管都很容易犯的错误。例如，看到部门整体的业务出现拖延的现象时，主管便努力地进行业务计划和工作的分配，也对部属加以指示。但是，不知道为什么，业务的拖延现象却丝毫未获得改善。经过仔细了解后，主管发现，这是因为特定的作业所需要的机械，一下子作业过度集中，而使得业务因此受到耽搁，并导致整体的延误。

当这种情况发生时，主管无论怎样指导个别的业务，如何地加快速度，或是提升技能，都无法改善整体的情况。但如果主管能够准确地掌握部门工作流程，部门就可以发挥极大的威力。

主管改善每一项业务和作业的努力固然重要，但更重要的是要认识到“部门是一个流程”，并随时掌握“瓶颈在什么地方”。在确定部门的问题点后，便尽最大的能力去解决问题，这是主管最重要的工作。

诊断并解决问题的秘诀

◎主管要像部门的“医生”

在利用掌握部门状况的过程中，为部门做诊断，将“瓶颈问题”一一整理出来。该如何整理“瓶颈问题”呢？以下是最常见且有效的整理步骤：

1. 掌握现状：问题是怎么样发生的？
2. 探究原因：为什么发生？
3. 解决对策：该怎么解决？

当上述三个问题出现以下的回答时，又该怎么办？

1. 因为忙碌，所以工作经常被延误。
2. 因为人手不足，无法如期完成工作。
3. 应该增加人手。

以“人手不足”为例。在掌握部门的工作流程中，逐渐了解到，工作经常被延误，是因为某特定机械的作业过度集中所致，而导致作业过度集中，是因为该特定机械的使用方法有问题。可见，导致工作经常被延误的现状（症状），结论并不是

“人手不足”所致（诊断）。

当听到部属抱怨工作老是被延误时，就立刻认为都是因为“人手不足”所致，这样的判断就显得过于外行了。而会做出这样判断的主管，其公司恐怕很快就会面临倒闭的危险。

主管在判断自己部门的状况时，必须根据“症状”加以判断，也就是说，主管必须是部门的“医生”，诊断出部门业务的问题并加以解决，如此，部门的工作才能顺利进行，凡事都一帆风顺。

其实，当部门的某些地方出现“异常”或“不太对劲”时，也正是扮演部门医生的主管大显身手的机会。他可以针对部门所出现的种种症状，找出发生的原因，并做出正确的判断，然后再对症下药。

◎及早建立“问题解决对策”

主管在诊断出结果后，若认为即使不立刻改善现状，也不会有太大的问题时，不妨冷静地了解现状、探讨原因，并根据其诊断的结果建立对策，加以实施。

但在判断之后，认为如果不立刻改善现状，部门将会因此而陷入“难以收拾的混乱”时，就得立刻采取应急措施。

在诊断部门状况、整理部门问题的过程中，必须优先考虑事情的“急迫性”，并根据其“重要性”加以判断，并付诸行动。

虽然对于急迫性的问题，不得不采取紧急的处理，但也不可以在处理完毕后，就认为“一切都没有问题”了。

在没有找到问题的真正原因之前，即使情况一时之间获得了改善，但却不代表问题已经得到根本的解决了。因为，它的症状极有可能复发，再度引发问题，使事态变得更加严重，难以处理。

为了掌握部门的状况，发现、整理问题，探究其中的原因，建立对策，并付诸实施。扮演部门医生的主管，必须在平时就要知道该检查哪些地方，以及监督工作流程的哪一个部分。只要能够把握这些关键元素，就可以迅速发现问题，找出问题的原因所在，以便迅速、正确地加以处理。

要诊断部门的问题，其实不必把状况想得太复杂。不过，“问题解决对策”必须得尽快建立才行。

构思“积极工作”的具体方法

◎记录、注视、再记录

“致力做好眼前的工作”是主管的基本责任，除此之外，还应该要“积极、主动地工作”。

所谓“积极工作”是指，对于以前从未做过的，或能力上几乎做不到的工作，抱持着“努力尝试看看”的态度，这就是“积极的态度”。不过这并不是要你不经评估与思考，便鲁莽地去挑战没有经验的工作或不可能完成的任务。

在挑战新工作或未知的事物时，应该事先做好相对应的“构想”“准备”并预留“助跑期”。

当然，对任何未知的事情，如果不去尝试，就永远无法知道结果，而想得太多，一味地顾虑东顾虑西，觉得这样做不行，那样做也不对的话，就无法把想法化为具体的行动。

因此，当工作现状出现任何问题，或是在遇到问题时，脑海中闪过“如果试试这种方法的话，不知道会有怎样的结果”时，建议你立刻把这些想法具体化，也就是把这些想法记录在便条纸上，等到累积了几张之后，便可以利用工作之余，将所有的便条纸集中起来，努力地注视它们。

在注视着所有便条纸的同时，若有任何突然涌现的灵感，就立刻将它记录在便条纸上，然后再把它和所有便条纸排列在一起，继续注视。持续这种“记录、排列、注视、再记录、再排列、再注视”的步骤。不但可以使你的想法获得整理，还可以让你有更多的发现。例如，你会发现以下这些问题：

■如果这些想法不去做的话，会有什么结果？

■如果把这些想法加以结合，又会有什么结果？

■是否能够想到更正确、迅速、完美、零失误的解决办法？

◎持续不停地自问：“为什么”

在发现了上述问题后，你还要进一步追问自己：“为什么？”

为什么这些想法不做不行？为什么不能把所有的想法加以结合？为什么无法正确、迅速、完美、零失误地完成工作？

在持续不停的自问之后，你的脑海中便会浮现出，“因为……，所以做不到”“因为……，所以无法不做”等理由。

重点在于，这些问题的答案，千万不能有“所以××才做不到”的想法。“因为××的作业……，所以无法正确完成。”当脑海中浮现这些理由时，就要继续追问：“为什么”，直到找出问题的真正原因。

例如，“部门的工作经常出错”→为什么？→“因为部属不够专业”→为什么？→“因为我实在太忙了，没时间指导部属”，或“我认真指导，但部属根本不想学”→为什么？→“因为我一个人包办了所有的工作”，或“部属觉得工作太单调”。

一般人在遇到与你同样的问题时，大部分人的结论是，“因为部属不够专业，才会使工作失误连连，所以这也是没办法的事”，然后事情就到这里画上了句点。这样的处理态度显然消极，根本无法改善部门的问题，同时工作品质也无法获得提升。

相对地，如果你一直问自己“为什么这样”“为什么那样”，绞尽脑汁地寻找问题的真正理由和原因，总有一天，你一定会了解“到底该怎么办”。到那个时候，部门的问题就几乎可以确定已经找到解决的方法了。因为，你已经知道该怎么做才能改善。

当想到了改善的方法，并且付诸行动后，最重要的是，你必须每隔一段时间（几天或几星期后），回头检视“是否又犯了和以前相同的错误”。也就是，要避免“虽然尝试了……，但没有成功。”→为什么？→“因为实在太忙了，没有太多的时间尝试”的情况发生。

因此，在获得解决问题等具体的方案后，到即将付诸行动的阶段之前，主管必须要能列举出“可能会出现的障碍”，然后，思考当这些障碍出现时该怎么办？简单地说，就是必须预先构思好克服障碍的方法。

总之，想要尝试不曾做过，或以前能力上做不到的事情时，过程中一定会出现某些障碍。而构思克服这障碍的方法，才是获得成功的关键。

怎样才能得到上级的认可

◎在主管权限内，可以“为所欲为”吗

在上一节中，谈到了如何构思“积极工作的具体方法”，让自己能够面对以前力所不能及的工作，解决部门的问题，并进行新的尝试。在实施这些方法的阶段，必须注意它们是否：

■只要有坚持到底的决心，就可以实施。

■还是需要他人的协助，才能够实施。

如果“只要有坚持到底的决心，就可以实施”的话，那么实施的人的意志力，就是成败的关键所在；而如果“还是需要他人的协助，才能够实施”的话，就必须更进一步的区分为：

■只需获得上司的认可。

■需要部属的协助。

■需要其他部门协助。

■同时需要以上三方的协助。

当把这个问题整理清楚后，你可以很容易地看出来，其实部门和工作上的问题，几乎都是“需要他人的协助”，只靠主管

一个人的力量，就想撑起一片天，是很困难的。

身为主管，自然拥有某种程度的权限和责任，并且可以根据实际情况，在自己的权责范围内，改变部门工作的进行方式。只要不涉及大笔金钱的支出，那么诸如“改变工作方法”或是“更换专案负责人”之类的决定，并不一定需要经由上级的同意，主管自己便可以做主。

基本上，上述这些事情也没有必要一一请示上级。但是，如果主管在其权责范围内，没有向上级报告，便自作主张、独断专行，这绝对不是良好的工作态度。虽然主管可以依其权责主由裁决，但在执行这些裁决时，也应该向上级报备一声，告诉上级：“这次我想让××来负责这个专案，不知是否合适。”这是对上级的尊重。

虽然主管可依其权责范围做决定，但若事先没有向上级报备，就为所欲为地推动工作，那么在上级的眼中，你可能是一个“拿规则当挡箭牌，独断专行，不把上级放在眼里”的人。这样的结果，对你的未来发展只会产生负面的影响。

◎程序虽然麻烦，却能让你工作畅行无阻

当部门里需要购买高额的设备，或者提出大幅改变职场的提案事项时，一定要提出正式的申请，并获得上级的认可后，才能进行接下来的行动。

很多主管认为这种程序十分麻烦。但是，当你换个角度来

看它时，就会发现这程序反而让你更方便做事。

只要填好一定的格式，并经由一定的程序，即使只凭主管一个人的力量，也可以对部门或工作进行相当程度的造或改善，或是完成一项大型的企划。

千万不要觉得公司所规定的程序很麻烦，而放弃提出构想已久的企划或提案，否则你就等于放弃了可以大展身手的机会。“表格、程序”也许真的令人感到不耐烦，但只要试一次，你就会发现，它其实没有你想像中那么困难。

一般而言，公司内部都有制式的书面申请书，你只要按照格式，填妥“想要提案的内容”“想要购买的物品”“提案理由”“金额”“期待的效果”即可。

如果公司没有固定的书面申请书格式，不妨依照上述几个事项，自己制作企划书，并在企划书里明确表达预期的效果，这是让上级认可你的企划书的关键点。特别值得一提的是，如果你可以使用实际数据来表达，效果会更好。

例如，可以这样填写你的企划书，“这台机器可以取代十个人力。它的价格看起来是一笔不小的负担，但只要三年便可以回收成本。此后，这台机器每年可以为公司节省三百多万元的薪资支出，缩短了两百小时的作业时间，等于是为公司赚了大笔的经费。”当以这种明确的方式提出申请时，上级几乎百分之百会认同你的提案。

数据具有最佳的说服力，只要准备好充分的数据，你不必花费大量时间，说得口沫横飞，就可以轻轻松松地说服上级。

如何使部属配合主管的工作方式

◎主管的想法决定部属的配合程度

很多业务即使是在自己的职权范围内，主管也应该向上级报备并征求认可，但这并不是要主管时时都对上级察言观色。

其实，就算是超越自己权限的事情，主管只要按照一定的程序，通常还是可以顺利地获得上级的认可。也就是说，即使是自己权限内的工作，也要懂得灵活运用上级的支持。尤其，当你要在工作上进行更大的改变、改善和提案时，更要积极借助上级的力量。

那么部属呢？主管又该如何相待呢？

如何指挥部门的部属？又如何运用部属的能力？这完全取决于主管的想法。但是，在决定如何指挥或运用部属时，别忘了一件很重要的事，就是“部属也是一个人格独立的个体”，因此，当主管某一天突然改变以往的工作方法，并单方面要求部属“从今天开始，就这么做”时，部属不可能会立刻言听计从，最后无法达到预期的成果。

或许，部属对主管的指示会阳奉阴违，表面上完全听从主管的指示，但内心里却是根本无法认同上级的指示，当主管不在时，仍然依照旧的、自己习惯的方式工作。

事实上，这种阳奉阴违的情形，在职场中屡见不鲜。因为，如果部属按照主管所指示的方式工作，即使没有主管的督促，只要依标准作业流程进行，自然可以达到销售目标和生产目标，也不会有延误交货的情况发生。但是事实显然并非如此。由此可见，要求部属立刻接受主管的想法，并不是一件容易的事。

为了让部属接受并配合主管的工作方式，当主管在工作方法上有新的尝试时，必须事先邀请业务相关的部属共同参与。例如，主管可利用“目前的方式有其不足的地方。所以，我想要改用……方式来做，不知你觉得如何?”，或者“这次我想要引进新的方法，不知你们看法如何?”来征求部属的意见。

◎不要强迫接受，要部属“共同参与”

不论是为了将手工作业自动化而引进机器，还是为了办公室作业更有效率而采购事务机。有些主管会在事前与部属沟通、商量，也有主管硬性规定部属接受，但两种方式会产生不同的结果。

某部门引进了办公室大型事务机器，用来解决办公室里的大量事务工作，并帮部属节省时间。但是，在引进机器后，部门的加班情况却比先前严重。在了解情况后，主管发现，机器无法完全取代手工，使得部属必须费更多心思，同时使用手工与机器来处理事务。最终，部属还是舍弃机器，回到原来的手工处理方式。

主管问部属："何必那么麻烦呢，使用机器不是更方便吗？"

部属回答："操作机械时，失误很多，我们反而要花更多时间去订正。"

另一个部属表示："既然要引进事务机器，为什么事先不听听我们这些实际使用者的意见呢？"

难道主管无论做什么，都要征求部属的意见吗？当部属提出反对意见时，是否主管就什么都不能做了呢？还是应该等部属主动提出改善的方法？如果部属一直使用过时的工作方法，主管是否只能袖手旁观？

回答当然是否定的。有些主管过度尊重部属的自主性，或是惧怕部属的反弹和抵抗，所以不敢采取任何行动去改善工作方式，这样的主管根本无法胜任主管的工作。

因此，为了使部属能够共同参与，以获得部属的协助，对部属循循善诱，就成了主管的重要工作之一。

主管不应该凡事以权势或规则为挡箭牌，强迫部属做某些事，但也不能每件事情都要寻求多数部属的同意后，才开始执行。主管应该要每一位部属都深切了解，"部门是大家的部门，要共同创造一个方便工作、成果更理想的部门"。

主管只要抱持着这样的态度，相信大部分的部属一定都会理解，也愿意积极配合新工作方法的实施。

如何寻求其他部门的协助

◎同时寻求上级与业务执行者的协助

通常，在解决问题或执行新企划案时，会需要其他部门的协助。在对待这些“部门以外的人”时，必须比对待部门内的部属更加谨慎小心。否则，对方一句“为什么要我们部门配合你们的决定?”或“这种事情谁搞得懂啊!”，就会影响到工作的推展。

例如，为了让自己部门的业务报表制作更迅速，主管希望缩短相关部门提报数据资料的期限。如果这个举动牵涉公司的多个部门，就得与相关部门的主管开会说明。但即使各部门主管在会议上表示没有意见，也不代表他们的部门就会乖乖配合，在期限内提报数据。为什么会这样呢?

因为，相关部门的主管未必熟悉你部门的实务，即使他们对你部门的实务充分了解，也未必认为你的新提案与他们有利害关系。因此，除了寻求长官的认可以外，还必须运用一些方法向相关部门主管充分说明。

召集相关部门主管举行一次说明会也许是个好方法，但是有时候个别沟通却可以获得更理想的效果。如果需要对方协助的内容相同时，当然可以采取说明会的方式，但如果需要协助的内容各不相同时，则应该采用个别沟通。

如果寻求协助的对象是公司的厂商，也要从长官和实务双管齐下，以积极的态度寻求对方的协助。不要因为自己是对方的客户，就以高姿态压制对方，硬性要求对方配合。如果无法做到共存共荣，协助关系便无法长久，即使对方因为形势而不得不协助，也很难预料哪一天会背叛。

◎要主动释放愿意提供协助的态度

除了寻求公司内部与外部企业的协助外，有时候为了决定执行某些事情，也需要在对等关系下进行协商。

最典型的例子，就是在生产会议、行销会议、企划会议上。在这些会议中，业务相关者常因为利害关系而对立，相互推卸责任。每个业务相关者都强烈主张自己的立场，不认同对方的存在。

几乎在任何一家公司的生产、业务会议上，都可以看到生产部门指责业务部门接受的订单太困难，时间太紧迫，而且还不停地改变设计，造成生产线的混乱；而业务部门也不给生产部门好脸色看，频频抱怨生产部门对消费者和市场的认识不足。

当然，各部门有各部门的立场，双方很难站在对方的立场设想，从而使自己的部门无法顺利推动工作。的确，尽部门的责任是主管的优先考量，但这并不等于要减轻自己的负担。

生产部门即使面对困难的工作，也必须抱持着努力因应消费者需求的态度；而业务部门也不需要总是拿消费者当挡箭牌，把一切问题都推给生产部门，而应该想办法减轻生产部门的负担。

所以，在这种跨部门的横向协调会议中，应该先释出善意，表达“我们知道这个订单很困难，所以我们会努力与厂商沟通，希望把交货时间延长一些，减轻生产部门的压力，也希望生产部门能够配合”。于是，生产部门也会开始思考，“那我们也会依照时间交货，并严格控管品质，把不良率降到最低”。

想要寻求横向部门协助时，首先必须清楚地表达自己要做些什么，然后才请对方助一臂之力。虽然对方还是有可能会拒绝提供协助，但只要强调这是追求彼此共同的利益，是双赢的合作，对方通常会愿意配合。

暂停一下，思考下一个阶段

◎在前进的同时，也不忘停下脚步思考

处理的紧急业务、听取上级的指示、对部属下指示、批阅文件、参加会议、接待访客、听电话等等，这些就是主管永无止境的工作。但是，如果整天忙于应付眼前的繁杂工作，就无法发挥主管应有的职责。

主管最重要的职责在于如何带领部门整体。要做到这一点，就必须做到前面曾经提到的掌握部门的状况，而且要用数据来掌握。在掌握部门状况的前提下，主管必须做到两点：

1. 判断什么是需要最优先实施的业务，并且实际采取行动。

2. 整理出更加重要的工作，并将整理的结果牢记在心，并随时掌握它的发展状况，然后保持因应变化的态度。

想要掌握新的事态，最好的方法就是亲自确认，此外，还要听取上级的指示和部属的报告。由于这些问题并不是固定性的，而是不停地产生新变化，因此，主管必须偶尔停下脚步，

整理一下问题，调整思考构想。

不过，这并不表示主管得随时四处奔走。会四处奔走的主管，通常会采用速战速决的方式处理工作。表面上看起来，这种处理方式似乎很有效率，但却经常会忽略掉一些本质的、根本的事项，以致有时会做出错误的判断。更何况，有些问题是需要经过长时间的思考与研究，才能找到适合的解决方法的。

因此，身为主管，除了应该活跃地四处奔走，应对上级、部属、相关部门和其他公司的同时，还需要不时停下脚步思考。每一天、一星期、一个月、半年、一年，都应该有停下来思考一下的时间。

◎以“天”为单位进行构想

主管每天去上班时，都应该带着前一天整理的结果，并在此基础上，处理一天的工作。但由于每一天都会有新的工作产生，因此，主管应该在前一天构想、预定的基础上，结合当天发生的业务加以处理。

每一天的业务结束时，你一定会发现它与前一天的结束不一样。原本预定当天要完成的工作，可能因为突如其来的业务而无法及时完成。而当天发生的紧急业务，也可能因为某些因素而无法在当天处理完毕。因此，在构思第二天的工作方案时，必须把变化的元素加进去。

每天在完成各种各样的业务后，一定要安排时间，重新整理当天所完成的业务，并为第二天的工作做好准备。如此，经过了一星期后，你一定会发现，有些业务是无法在一天内得到解决的。所以，在一个星期的最后一个工作天里，要做一次总结，将那些尚未解决的问题处理完毕。

也许有些人认为不需要这么麻烦，不需要每天安排总结的时间，只要在周末时把一星期未解决的事情完成就可以了。但每天、每星期各安排一些“总结时间”，其实是更理想的方法。

因为，如果等到周末才处理，很可能错过最适当的时机，何况，工作堆放得越久，就越需要花费更多的时间去处理。所以，每天安排一点总结时间，然后再进行一周总结时间，如此，便可以让工作更轻松、更有效率。

除了以“天”和“周”为单位安排总结时间外，还要以“月”和“季”为单位，进行业务总结。每个月的月底是月总结时间，利用这一天把一个月堆积起来的问题做个总整理，同时构思下个月的作战方案。

只要在周末做好总结工作，并构想好下一周的工作，那么每个月的工作总结就可以轻松搞定。在一个月的总结后，其次是三个月、半年的总结。

总之，身为主管，应该切实做好每天的总结，切实构思好第二天的工作，周计划则是用来弥补每天无法完成的工作。

第四章

把主管功能发挥得淋漓尽致

构想公司的长远未来

◎站在公司的高度推动业务

主管职责在于——如何领导部门整体前进；而如何领导部门的前提是——自己的部门在公司中应该发挥怎样的功能。

对于这一点，主管在日常生活工作中必须随时牢记。但在此之前，还有一件非常重要的事就是，主管必须了解公司是在怎样的方针基础上，推动业务的发展。

假设你是业务部经理，相信你一定知道，业务部的最大功能就是接订单，而业务经理的功能，就在于领导一群部属争取订单，努力完成预定的营业目标额。所以，为了完成营业目标，业务经理必须建立各种战略和战术。

那么，是不是只要能达成公司预定的目标，就可以不择手段呢？事实并非如此。原因是：

1. 热销的商品只有几款，大多数不受欢迎的商品都囤积在仓库里。

2. 销售区域过度狭窄，只局限在某一地区。

3. 业务部门员工的流动率过高，固定率不高。

4. 营业目标虽已达成，但有极大部分的业绩是折价促销来的，使整体利益不断地减少。

虽然完成公司所制定的营运目标，但如果发生了上述情况，就会产生一个很大的问题——部门的营运是否符合公司的方针。

许多业务主管都没有充分认知到这一点，抱着只要完成公司设定的营业目标，就一切万事大吉的心态，丝毫不关心商品、地区平衡以及价格，也不太关心业务员的销售行为。这种主管根本没有发挥真正的主管职责。

当然，有人会抱持不同的意见，认为难不成只要考虑商品、地区平衡、价格，以及业务员的销售方式，即使无法达成营业额也没有关系吗？

答案当然是否定的。

或许有人会抱怨说：“哪有可能一切都符合公司的期待？”

但是，的确有主管做到了，而且，企业经营就是这么严峻。

在许多企业里的生产部门、技术部门、人事部门、总务部门等，都存在着这种情形。

◎对公司的营运方针积极提出建议

因为上述几个问题，使公司面临以下的宿命。

■虽然必须完成眼前的目标，但它并不是唯一的目标。

■必须随时展望将来，才能为必须进行的连续性企业活动做准备。

因此，若是生产和技术部门的主管，一心只想要正确且迅速地完成订单，明明知道机器设备老旧可能会引发严重问题，也视而不见的，那就真的是怠忽职守了。

同样地，假如人事部门的主管，只注重补充不足人手和处理必要人员的事务，其他一概不管，那也是怠忽职守。也就是说，当各部门的主管只知道埋头处理分内的工作、完成眼前的目标，那么公司的问题一定会层出不穷。

也许有人认为，未来的事情是经营高层的责任，不关主管的事。的确，公司的未来是经营高层的责任。更何况，把主管逼到只顾完成眼前目标的境地，经营者也必须负很大的责任。

但是，别忘了，在前文中曾经提到“主管需称职扮演上级的分身”，而且还必须体认到，主管平时若是只忙于眼前的工作，后果就得自己承担。因此，主管必须视企业的将来为己任。

经营高层必须指导主管，在完成指派业务的过程中，必须同时顾及现在和将来，而主管也应该积极地站在这个角度，去发现问题并主动提出建议。例如：在一发现问题时，主管便应该主动提出建议：“我们若为了完成眼前的目标而采取这项战术的话，将来极可能会导致 ×× 问题。因此，我认为我们应该从现在开始，就着手准备 ×× 应对方案。”

身为主管，绝对不可以有“既然上级没有吩咐，那么这样做就可以了”的心态，而应该把自己的功能发挥得淋漓尽致，主动发现问题，并积极提出建议。

重新认识自己部门的功能

◎仔细检视自己的部门是否有盲点

“主管必须把握自己部门的现状”，这是本书一再强调与提醒的重点。

身为主管，就必须了解部门里的两个重要方向：第一，各个部属分别所负责的业务是什么？目前的进度如何？第二，各项业务负责人的技能程度如何？

除了这两个方向外，主管还要进一步了解，为什么有些业务没有人负责？是因为人手不足？或者因为没有适合的人员？

例如，在业务部门中，业务员分别负责各自的客户，也都能争取到符合目标的订单。但是如果满足于达成目标或因为业务繁忙等理由，而忽视了开发新客户，那就是个很大的问题。

又例如，公司规定，新进人员的教育训练由人事部门负责，也指定了负责教育训练的人员。但是，该教育只是针对新进人员刚进公司时所进行的教育训练，等到人员分配到各部门后，便由各部门自行决定。这种情况便显示出，人事部门并没有充分做到员工教育的职责。

其实，主管们都知道，那些一成不变的业务，即使换了不同的负责人，业务也仍然持续稳定地被推动。但他们却没有看到，那些谁都不想插手的业务，虽然麻烦，但却常常扮演很重要的角色。

主管若想要看出自己部门的盲点，就必须重新检讨业务的分配。首先应该检讨在业务分配的工作中，自己是否不曾察觉到，有些工作是没有人负责的？或者，所有的业务都分别有人负责了，所以主管从此就可以高枕无忧了？

业务分配是根据公司当下的状态而决定的，但是世事多变化，企业也不例外，主管如果无法因应变化，就不是个称职的主管。

◎部门要随着环境变化而调整

一般而言，当公司的规模小时，业务部门通常要承担很多工作，除了业务之外，部门还得负责企划和行销的工作。甚至为了顺利推动行销活动，还得进行市场调查。总之，从企划、行销、业务等工作，全部一手包办。

但随着营业额增加，公司的规模日渐扩大，业务员的人数会不断增加。由于业务部门的工作量越来越大，渐渐地，便把重要的企划、行销工作忽略或遗忘。业务员变成了只顾拼命拜访负责的客户，争取订单的小店员。比起小规模时期的业务部门，工作品质反而下降。

其实，随着公司规模的扩大，业务部门应该要具备相对应的机能。当然，其他部门也是如此，尤其是生产部门。当部门的规模还小时，不论是生产计划、材料采购、发包给下游厂商等工作，都由生产部门全权负责。

但是，当公司发展到一定的规模后，生产部门就会无法胜任如此大的工作量。由个别的负责人订购材料时，常常会导致重复浪费。也就是说，随着公司规模的扩大，部门负责的业务范围会变得不明确，不是发生业务重叠的现象，就是某些业务完全被忽略。

虽然，全面检讨公司的组织生态是经营者、总务部门的职责。但是，每个部门的主管也必须了解自己的部门该发挥怎样的基本机能。如果主管认为以前就这么做，对部门的现状照单全收，完全不做任何调整，那么只会使组织变得更加僵硬，无法适应环境的变化。

主管应该放眼全公司，在与上级和相关部门协调的情况下，重新反省自己部门的功能。必要的时候，还得重新分配部属的业务，好让一切作业符合部门的功能。

主管的功能之一，应该顺应环境的改变，来调整部门的业务，并尽力做到流动性和机能性，而不是自己的部门内故步自封，一成不变地一直做下去。

“省略不必要的工作，增加必要的工作”，这是主管必须具备的顺应时势的态度。

检视部门业务是否分配适当

◎工作分配是否公平、均衡

在了解公司的规模与体制，并重新确认自己的部门功能后，主管接下来的课题，就是更进一步地重新检讨部门内的业务分配。

任何部门都一样，每个部属都负责不同的业务，而主管也认为这是理所当然的事，很自然地，也就没有需要刻意去思考工作分配是否适当的问题，只需对新发生的业务进行分配与指示。

但是，现实状况未必如此。在有些部门里，工作都集中在部门的前辈级部属身上，其他部属则无所事事；还有一些部门，工作都集中在一些菜鸟身上，前辈部属则负责一些轻松简单的工作。

这两种情况都是工作分配不均衡的表现。这样的工作分配结果是，一部分员工得每天加班加到深夜，但还是无法如期交货，再不然就是工作频频失误。

产品不良率高、延误交货期、成本增加、未达成目标等问题，通常都是因为业务分配不均所致。因此，为了能够适当地分配业务，部属必须具备两个前提，才能承担业务，这两个前提是：

1．业务分析：这项业务需要用到哪些技能？以及需要花费多少时间才能完成？

2．部属分析：各项业务的负责人具有什么程度的技能？

但在现实生活中，由于不容易找到具备足够的技能的业务人员，使主管虽然明知员工的能力不足，仍然要求部属去挑战较高层次的业务。

从完成业务的角度来看，最理想的情况是，各项工作的负责人都拥有丰富的经验，可以驾轻就熟地处理其所负责的业务。但可惜的是，部门里并不存在这么游刃有余的部属。即使有人能够做到这一点，部门可能得承担为数不小的薪资预算。

就算部门得到了具备理想条件的部属，也只能维持短期间的高效率表现，一段时间后，又会因为跟不上时代的脚步与公司业务的需求，效率再次下滑。因此，部门必须随时培养下一世代的人才，才能彻底解决人才短缺的问题。

◎相对的价值才能享有高薪

随着高龄化社会的来临，也让企业必须考虑到如何充分运用有经验的员工。

在高龄化社会、产业结构、社会环境等因素的改变下，企业若不重新检讨旧有的薪资体制，则企业的生存将会受到威胁。

总之，年资久、年龄大、薪资高的现象将会结束。未来，领高薪的部属，就应该相对地负责具有高附加价值的业务。如果无法做到这一点，恐怕无法光凭年资久、年龄大，就可以领取高薪的。

因此，在当今职场环境的变化下，各部门的部属，无论青年、中年或老年，都必须检讨以下两件事：

1. 自己是否提供了与薪资相符的附加价值？

2. 不具附加价值，就要提高能力。至少有能力完成与薪资相符的工作。

当然，要求新进人员做到与他们的薪水相符的工作量，恐怕是个无理的要求。因此，为了使这些菜鸟能够及早独当一面，部门就应该有相对应的指导系统。

主管必须检讨自己的部门，是否能够做到以下三件事：

1. 从工作和人两方面来了解。

2. 分析工作的难易度，与部属对工作的熟练度。

3. 是否各项业务都由适当的部属负责。

当确定这三件事情的答案后，常年存在的部门问题与等待解决的事项，便能够得到解决。

只要仔细观察部门的实际工作分配情形，就不难发现，很多部门都是顺其自然地分配工作，因此会出现业务的分配方式是："按人头分配""所有员工齐头并进""集中在能干的人身上”“按照以往的习惯，随机的分配”。

不同部门对于工作分配的状况也各不相同，无法论断哪种方法最恰当。就以业务部门而言，有的会按照“商品别”来分配工作，有的则依照“客户别”来分配。当然，也有的部门会以“负责开发新客户”“负责老客户”“负责收货款”等方式分配。

总之，主管必须在依照各种分配方式的优、缺点的前提下充分考量，并摸索出最佳的分配方法。

重新检视部门的工作流程

◎当每个人都努力投入，工作却还是出问题时

当主管重新检视部门内的工作分配，检查每位部属所负责的业务是否适当时，还必须注意一个很重要的问题——工作流程。

如果部门的每位员工都努力完成各自的业务，但还是会出现失误和拖延的现象时，最大的问题所在通常出在流程上。

假如某份工作须经过 A、B、C 三位员工才能完成，工作的流程依次是 A→B→C 的顺序。A 按照规定完成了他分内的工作；B 和 C 也同样地完成了自己应负的部分。但是，最后这项工作却整体被拖延了。在这种情况下，主管就该先了解一下 A→B、B→C 之间的交接是否有问题，因为问题通常会发生在这个工作停滞期。

这只是有关工作流程的一个简单例子。实际上，部门内的工作流程，通常要比这个例子复杂许多。在部门内，B 需要交接的不仅只是 A 的工作，可能同时还有 D、E 的工作。而且，B

除了将工作交给 C 以外，还必须将某些工作交给 F 和 G。

在日常工作中，主管当然不可能一一检查、追踪工作流程。一般来说，主管只有在工作完成时，才会做最后的结果验收，因此他们通常无法了解，到底哪一个环节出现了问题。

当然，最理想的状态是，每位员工都能够注意工作流程，那么问题自然会减少很多。遗憾的是，很少有人会去注意这个问题，大家脑子里所想的，就只是自己分内的工作，哪里会去管别人做得好不好呢？

因此，找出工作流程中的问题，使流程和工作都变得更加顺畅，就成为主管的重要工作之一。而要做到这一点，不妨试试以下两种方法。

第一种方法是，主管要亲自巡视部门，而且要一天巡视数次，检查是否有停滞现象。这个方法最简单、方便，只不过所发挥的功能有限。而且，主管可能没有太多的时间巡视部门，即使在巡视时，也可能有疏忽的部分。

再者，对员工来说，主管如此频繁的巡视，会让他们感到不舒服，感觉自己不被信任，觉得自己受到了监视。更糟的是，这还会使部属养成只有被监督时才工作的坏习惯，一旦部属养成了这种坏习惯后，便会缺乏自主性。

◎透过工作记录来检讨流程

第二种方法是，要求各专案负责人做工作记录。

一般而言，企业会要求每个部门都做工作记录，尤其是生产线部门必须每天做日报，记录每天的工作情况。不过，这些报告的内容只能看到结果。

总之，不管部门是否有日报，主管都应该要求部属将一定期间内的情况加以详细记录。也就是说，必须针对某项工作，记录它的详细内容，包括：

■开始时间。

■结束时间。

■生产件数。

或许部属会对这样的要求提出疑问："这不就和日报重复了吗?""为什么要这么麻烦?"这时，主管不妨告诉他们："这不会是永远的，只会实施一段时间而已。"

最重要的是，必须让部属彻底了解，这样做的目的并不是要监视员工，也不是要挑剔员工的毛病，而是试图改进流程，好让员工的努力不会白费。

持续记录一段时间后，就一定可以找到流程出问题的重要线索，并加以改变。

例如，假设 A 的工作记录上写着："9:00～11:00，完成了 M 产品的第一次加工，并将产品交给了 B。"

B 的工作记录上写着："13:00～16:00，M 产品第二次加工。"

从记录看出来，M 产品的加工作业，在由 A 交给 B 后的 11:00～13:00 之间，停顿了两个小时。扣除12:00～13:00 的午休时间，从 11∶00～12∶00 这段时间，就出现了停滞。

透过工作记录追踪相关业务流程时，便可以发现许多时间都浪费在一些令人意想不到的地方。有时候，这些浪费掉的时间不仅只是两个小时，而是半天、一天，甚至两、三天。

无论是什么样的部门，都会努力地做到缩短个别作业和工作的时间，但却往往忽略了在工作交接时，容易出现浪费时间的问题。除了浪费时间之外，也会浪费资材和部属的辛苦付出。

建立部门的情报系统

◎越不利的情报，越要早改善

改善工作瓶颈、减少浪费时间，除了透过检查工作流程的方式外，还可以采取另一项解决方法——建立部门情报体系。

所谓情报系统，并不是指引进电脑或办公室机械化，而是建立起一定的架构，以备一旦部门出现异常状况，或发生对部门不利的情况时，主管能够立刻掌握到讯息。

有些主管不以为然地认为："这是理所当然的事，自己的部门早就已经这么做了。"但是，事实真的是如此吗?

抱持这种态度的主管，往往对部门的实际情况缺乏正确的了解。尤其是发生那些无法达成目标、无法顺利收回货款、延迟完成时间等，不方便被主管听到的问题时，业务人员常常会将这些讯息隐藏起来。

业务人员会在主管听到这些讯息之前，努力地扭转形势，将事情往好的方向推动。如果成功了，自然皆大欢喜。只是，即使侥幸成功了，也不是以正确方法解决问题所得到的结果。

更何况，万一事态无法好转，业务人员在无法解决问题时，才不得不向主管吐实、求救。到了这个地步，往往连主管都无能为力。

身为主管，为了避免这种情况的发生，应该建立对应的体制，尽可能切实了解现场的状况。至少，变化或异常一旦发生时，主管便能及时掌握情报、把握先机。

主管应该在部门建立一定的体制和气氛，才能令部属能够以轻松的心情，向主管报告任何情况。而在此之前，主管应该率先以同样的态度与部属互动。

有些主管为了获得这样的效果，便有如与好友相处一般地和部属打成一片，这样做反而失去了意义，甚至有害无益。部属也未必会因为主管的热情态度而提供正确的报告。

对于这样的上级，部属们虽然在表面上配合，却无法发自内心地信赖对方，甚至会因此而不把上级放在眼里，放心地不对主管进行工作报告。

◎“联络簿”也能顺利化解问题

除非你有自信做到一个坦率、直言不讳的主管，否则，最好不要刻意与部属建立亲近的关系。

另外，过于忙碌、经常不在办公室的主管，通常也无法从部属身上获得正确的情报。因为，当部属遇到困难或难以解决的问题时，看到主管整天不是忙到焦头烂额，就是不在办公室里，当然也就难以开口向他报告与求助了。

在这种情况下，主管可善用部门共同的“联络簿”，就可以发挥作用。“笔记簿”里面可以设计日期、报告内容、是否需要回答、回答的期限、填写者姓名等栏目，让部属随意填写。

有人认为，要部属在联络簿里说出真心话，最好采用无记名的方式，但这会让主管不知该向谁回答问题。

但是记名方式也有它的缺点，因为部属相互会知道谁向主管报告。这使得那些不想被别人知道是自己向上级报告的事情，或不想被别人知道的事情，就绝对不会写在这个联络簿上。

最后，联络簿的功效，可能会沦落为，当上级不在办公室时的电话留言簿，只记载事务性的内容。

为了预防这种情况产生，主管可以为每位部属准备一本联络簿，使彼此无法互通有无，或是在部门内设立一个意见箱，让部属将意见投入信箱。

无论采取怎样的方式，部属能够积极提供情报，部门必定收获良多；相反地，有些部门，无论怎样向部属保证“一定会严守秘密”，却还是无法搜集到任何情报。

导致如此结果的关键，就在于主管和部属之间的信赖关系。而信赖关系就取决于，当部属做错了事，向主管坦率报告时，主管的处理态度。

如果部属的坦诚反而招来主管的严厉训斥，在众人面前颜面丢尽时，那么部属绝对不会再坦诚报告。而其他部属看到同事的惨状后，也必定学会三缄其口。

提升业绩的关键

◎没有业绩就没有发言的地位

从各个角度把握执行过程中、促进业流程顺畅、把握部门的状况。当这些事情都一一掌握后，就可以有效避免部门的浪费，部门的工作效率也可以获得提升。

与此同时，还需要特别注意的是：调查、分析实际情况，只是一种手段和过程而已，不是最终的目的。如果忘记这一点，而将调查与获得数据作为目的，就无法发挥部门的重要功能。

每个部门都有各自的功能，都各自有其业务必须处理。如果为了调查而忽略这些工作，就是本末倒置。当然，只懂得业务处理，或是只求完成目标，其他问题都不必理会，这种做一天和尚撞一天钟的态度，并不是提升业务的理想方式。

因此，偶尔回到问题的原点，重新确认问题的本质，为将来打好基础。与此同时，主管还必须明白两件事：完成公司所赋予的目标，以及从本质上解决问题。

这两件事也是许多主管经常会做的。在实际工作过程中，主管往往忙于完成现实的目标，以及处理眼前紧急的业务而忽略这两件事。

当你变成这样的主管时，就再也不适合“主管”这个称呼了。也许现实工作逼得主管不得不将精力都用在处理眼前业务与完成目标上，但即使如此，主管仍须保持高度的自觉性，告诉自己一定可以做得更好。

主管必须在此自觉的基础上，完成部门的职责与目标。如果无法做到这一点，那么无论在公司或部门内，都会缺乏说服力。

其实，有实务能力的主管，只要积极投入工作，就可以发挥相当于两三个人的业务能力，并且完成公司所交托的目标。

◎培养部属，是提升业绩的关键

另外，很常见的例子是，生产部门和技术部门的主管，经常一个人早出晚归的，努力完成部门的业务。

当部门的规模小，员工少，工作量不多时，使用这种方法解救业绩或许可行，而且也是最快速又直截了当的方法。但是，一个人的能力毕竟有限。当部门规模越来越大时，这种方法就无法奏效了。

在这种情况下，主管若想要提升业绩，就需要懂得指导、培育部属，然后将庞大的工作量分派给部属去完成。

主管如果无法做到这一点，一旦部门发展到了中规模以上

（五名以上的部属），就很难再靠一个人的力量去达成业绩目标。一个能干的主管或许可以承担两、三个人的工作量，但是，主管再怎么厉害，也不可以承担得了五人份的业绩。

或许有些主管会骄傲地表示，自己可以承担五个人的工作量。只是如此一来，又产生了另一个问题：为什么还需要这五位部属呢？

可见，提升业绩最好的办法，就是懂得指导、培养部属。不过，这件事情需要花费不少时间，而在这段时间内，主管到底该如何指挥部门提升业绩呢？

在将新进部属培育成才前，必须以有战斗力的部属为中心，克服暂时的不足，再配合以下的方法，便能达到提升业绩的目的：

1. 由新进部属负责一些简单的工作，经验丰富的部属负责高密度的工作。

2. 某些工作可以外包给协力厂商。

3. 发挥高度企划力，善用既存组织的功能，在某种程度上提升业绩。

第五章

培养人力，就是提高战力

该在乎部属的“战力”还是“人性”

◎该对部属讲求“战力”还是“人道”

在培育部属时，必须重视两个层面。一是，指导、培养部属是主管的重要工作之一，也是主管在管理部门时不可或缺的功能；二是，主管必须体认到，部门是人的组织。

一般而言，上级通常透过两个角度认识部属：第一，执行业务时的“战力”的角度；第二，“人道”的角度。

当谈到如何培育部属时，主管往往只想到第一种角度。但是，如果主管换个角度，站在部属的立场去感受的话，当然会希望自己能够被当一个人看待。

从“战力”的角度来看，一位部属可能只具有几百分之一的齿轮力量而已。但是，不要忘记。每一位部属都是别人无法取代的个体，每个人都有各自的个性和人生。

但是，也不能因为过于在意人的问题，而不敢强调战力，使工作无法顺利推展。如果主管过度顾虑到个人的情况，企业根本无法成立。可见，博爱主义者无法胜任主管的工作。

举例来说，假如有位部属的工作表现很不理想，虽然你想要尽力培养他，但你心里其实也很明白，这位部属无论如何努力，将来都不可能有太大的发展。面对这种情况，你该怎么办？

如果你是一个视“部属＝战力”的主管，那么放弃他当然是你唯一的选择；但如果你是一位关注“人道”的主管时，当一想到彼此共事的感情，还有他的未来时，你又不忍心解雇他或劝他转行。

你会怎样选择呢？解雇这位部属，因为“战力”才是最高诉求？或者继续保护他，让这部属去负责一些不重要的杂务？

我们暂且不去论断哪一种态度才是正确的。在此，你还得思考另一个问题就是，如果你选择继续保护这位无能的部属，那么其他部属会有什么感受和反应？

对公司没有贡献的人依然能坐领薪水，势必会引起冲劲十足、表现优秀的部属的不平衡，甚至成了他们的眼中钉；而在那些搞不清状况的新人眼里，或许会认为那位前辈不也是这样，于是有样学样。最后，连原本冲劲十足的部属也缺乏干劲。

◎理解人性，也要求“战力”

把对公司没有贡献的部属打入冷宫，他会觉得幸福吗？

幸福与否是个人主观的想法，如果当事人认为他很幸福，旁人自然无话可说。但是，要一个部属去做一些可有可无的工作，被同事视为无能的人，这应该无法称为幸福吧。

更重要的是，主管和部属们就真的能断定，哪个部属无能或没有干劲的吗？大家是否忽略了某些重要的东西？造就出这样一位无能、缺乏干劲的员工，公司、上级、部门难道一点责任都没有吗？

就从这个逻辑来看，就令人不得不怀疑，这位充满人道主义的主管，是否真的有将这位问题部属当人来看待。

当然，在这种情况下，这位部属自己必须负起一大半的责任。因为，这位部属已经是个不折不扣的成人，具有独自思考、判断能力，也能自由地表现自己的想法。如果觉得部门环境很差，没有自己存在的空间，那他就大错特错了。然而，周围的人，尤其是主管不给予任何建议，也不愿做任何尝试，就将他直接打入冷宫做一些闲差，这难道是主管所能想到的最佳解决方法吗？

一位真正在乎人道主义的主管，应该会思考如何充分发挥这位部属的功能。如果这位部属的功能更适合其他部属的话，主管甚至可以帮忙将他转调到合适的部门去。

虽然重视部属的人性，可能会影响工作的推动，但相反地，也可能有助于工作的顺利进行。因为，这位部属有可能感受到主管的义气，而发挥出超乎自己想像的能力。

肤浅的人道主义会影响工作的推展，也会伤害部属的情感。然而，如果主管缺乏理解他人的态度，就不可能去指导、培育部属。虽然主管不该受人道主义的影响，但是，完全没有人情味的工作方法，是不可能产生理想的结果。

了解部属的性格与隐藏的巨大力量

◎不要只凭现状和成果就下定论

到底应该把部属视为“战力”，或是以“人性”对待他们？这个问题的答案是：主管必须站在理解部属的基础，以及部属能够发挥多少功能的角度，思考该如何指导、培育部属。而在实务工作上，则必须从部属能做什么工作，以及能做多少工作开始。

但主管也不能只以目前能做些什么？工作成效如何？就论断部属的能力，这无异于把部属视为机械设备。也就是说，只把属为当作“战力”看待。就像对待机械设备一样，只要想办法加以改良，就能让它发挥更有效的功能，但也就只能这样而已。

但是，如果以“人性”的角度看待部属，结果就大不相同了。因为，在这位部属目前不出色的表现中，隐藏着无法估量的潜在可能性，而且他未来所发挥的力量，会使结果变得完全不一样。

也就是说，同一个人，在不同的时间、地点、场合，其所发挥出来的力量会大不相同。因此，在判断部属的力量时，不能只凭现状和成果就下定论，还必须结合环境条件、潜在能力、成长的可能性、部属的兴趣、部属的意志力等要素。

也许有些主管会认为，“潜在能力”“将来的可能性”这些要素，只要看一下对方就能了解状况。首先，在本部门的这些部属，无论在什么地方都是平庸之辈，根本不需要大费周章地思考这些问题。我的部属有多少能耐我还会不知道吗？

然而事实却往往出乎意料。在许多部门里，我们常常会看到这样的状况：

■被认为是无可救药的部属，突然进步神速。

■部门换了主管后，部属的工作态度变得朝气蓬勃，简直判若两人，工作成果也令人刮目相看。

◎时常自我检视指导部属的方法

与上述相反的，我们也常会看到，非常聪明、能干、被认为前途一片看好的部属，却意外地停滞不前。

可见，部属可能因为某些因素，获得出乎意料的成长，也可能停滞不前。另外，当部门换了新主管后，部属可能一下子变得朝气蓬勃，也可能因此丧失活力。

因此，在指导、培育部属时，要特别留意以下几件事：

■在目前的现状下，了解每位部属能从事什么样的工作？

能够完成多少工作量？

■部属在目前的工作中，可以获得多少成长？

■部属若想要获得成长，需要具备怎样的条件？

■主管能够给部属其他机会去发挥实力吗？

■果真有这样的机会，会是怎样的机会？

也就是说，如果部属目前的工作表现，无法满足上级的期待，主管就必须知道是因为：

■部属的经验不足。

■知识、技能的不足。

■个人的素质不适合目前的工作。

■素质和经验是否有足够，是否缺乏意愿。

以新进的部属而言，经验不足是很正常的现象，所以需要学习基本的知识和技能，而对已经有一定经验的部属来说，如果是知识、技能不足所致，就必须检讨是不是主管的指导不充分或不恰当所致。

当上述的事项都被一一检讨过后，如果都没有什么问题，那就得思考部属在素质上是否有问题。

而有经验的部属，如果在知识、技能和经验上都没有任何问题，那就得思考他们是否缺乏意愿，以及缺乏意愿的原因。

如何对部属明确自己的目标

◎“人事考核”是促使部属努力的具体手段

为了建立一个便于工作的部门，必须具备五个条件，分别是：

1．整顿部门。

2．工作顺序须明确化、程序化，也就是工作的标准化。

3．明确“为什么”“谁”“做什么”“该如何做”。也就是明确部门和各自的目标。

4．部属充分了解自己所负责的工作的成果。

5．最后的成果必须对每个部属都很公平。

虽然我们在前文中谈到了主管必须负责的各项工作，但有一件工作还没有提到。这件事情是任何一个一旦当上了主管的人，都必须要做的事——人事考核。

主管与部属之间最大的不同就在于，主管是人事考核者，而部属则是被考核者。当然，主管本身也需要被上级考核。一般部属处于被考核的位置，但一旦身为主管后，就需要考核他人的表现。

对上班族来说，这种身分的转变具有划时代的意义。拥有人事考核权利和责任的人，就等于在部门中握有一把强而有力的宝剑。由于部属都十分了解上级手中掌握着生杀大权的宝剑，所以会听从上级的指示，不敢任意妄为。

虽然人事考核是一把锋利的宝剑，但如果使用不当，就会变成一把非常危险的双刃剑。如果主管拿人事考核的权利作为自己的保护伞，威胁部属，并对自己不喜欢的部属给予极低的评价，那么这把宝剑立刻会变成凶器。

◎积极运用人事考核，提升部属冲劲

虽然部门主管有可能拿人事考核作为利器去威胁部属，但是主管的直属主管也会对他们进行考核，在某种程度上，这种制度可以防止部门主管做出极端的人事考核。

一旦部门主管对人事考核的认识错误，就可能无法理性地指导、培育部属。如此一来，就违反了在建立便于部属工作的部门的第五项条件——必须对每个部属都很公平。

在评定人事考核时，如果只是在公司发放的考绩表上为部属打分数，主管就是一个不懂得积极运用人事考核的人。在这种情况下，人事考核只是加薪和奖金的计算资料。

而加薪和奖金的额度，只是在告诉部属，他的表现是受到了高度的评价，还是受到不良的评价。这种形式的评价，终究会让部属感觉不公平。

这种类似生死簿式的人事考核，根本不符合建立便于部属工作的部门的条件。结果，主管当然无法有效地指导、培育部属。可能有人认为"无论抱着多么公平、理性的态度评价他人，都很难做到十全十美，也无法满足每个人的期待。"

的确，无论主管如何力求公平，都必定会招致某些不满。而能够把这种不满情绪降到最低，同时可以将人事考核积极运用在培育部属的方法就是：

■让每位部属清楚知道自己的目标和课题，并由部属本人和主管同时评价目前现状。

■在人事考核时，主管和部属共同确认目标和课题的完成度，然后再设定下一阶段的目标和课题。

如此一来，就可以把不满情绪与不公平感降到最低，同时还可以增加部属的自信，充满信心地向下一个阶段努力。

指导部属时的标准方法

◎制作部门专属的“职务目标”

为了建立一个让部属便于工作、值得为之奋斗的部门，“明确目标”是绝对必要的策略，而积极运用人事考核，就是最具体的手段。

不过，一般公司的人事考核表都过于抽象，不一定能够全面涵盖部属指导的各个方面，无法充分显示部属的明确目标。为了让部属明确自己的目标，部门不妨制作部门专用的“职务目标”。

在这个部门专属的“职务目标”中，显示了部属在部门内，至少需要掌握哪些技能，才能独当一面。以工程部门的 A 部属为例，首先，他必须学会看图纸；其次，必须学习有关机械工具的知识；最后，还要熟悉完工的技能。

另外，在态度方面，A 部属必须要具备积极性和协调性。例如，他虽然在图纸、机械工具的知识上，表现得可圈可点，但是却不擅长操作自动化机械，在完工技能和协调性方面，也有所不足。

以这个例子而言，主管对 A 部属的评价是，A 部属目前最需要加强的课题就是“学习自动机械的使用”，而且未来还要持续强化“完工技能”和“协调性”。

部门专属的“职务目标”，可以让部属清清楚楚地知道自己的强项以及需要再努力学习的课题。这对每一位部属而言，都将会是最公平的、最有价值的考核。

◎“职务目标”是培育部属的关键

上文是以工程部门为案例，同样地，其他部门也可以根据该各自部门的“职务目标”整理出在本部门中，部属需要具备哪些知识、技能和态度，才能独当一面。同时，“职务目标”还能具体指出每个部属各别的课题和目标，以便循序渐进强化不足的地方。

将“人事考核表”中，比较大众化、抽象的评价项目，进一步细分，制作成符合该部门的“职务目标”，并加以灵活运用，是主管指导、培育部属时，极为有效的方法。

只要将整理出来的“职务目标”，对照各部属的知识、技能与理想模式，就能够轻易地看出哪里出现问题。在初期，主管可以明确地告诉部属：“这是你本阶段有待加强的课题”，让部属知道自己的问题所在，并且努力提升。到了期末，主管和部属共同确认结果，并将该结果反映在下一阶段的目标上。

职务目标，是对部属指示目标、公平评价的最理想方式。反而，抽象、大众化的人事考核因为过于抽象且大众化，不但无法进行公平评价，也无法达到指导、培育部属的目的，反而还会引起部属的猜疑和不满。

除此之外，“职务目标”的完整性，还能够产生另一项效果，就是可以了解部门整体缺乏哪些知识、技能，偏向哪些技能的问题。

部门若是不进行“职务目标”的分析，很可能会导致由特定部属负责特定的技能和情报。长期如此，很可能会对业务执行造成不良影响。当该部属调往其他部门或辞职，才注意部门内某些技能不足的事实时，就为时已晚。或者，当该部属请假，该项业务就会因为没有人可以接手而被迫暂停，导致工作流程出现停滞。这种部门指标分析，可以成为维持、继承部门技术水准，和培养技能继承人的手段。

如何妥善面对不适应部属

◎为什么他们就是学不会

上文中谈到了部门内包含了哪些职务？以及执行这些职务时需要具备什么条件？

为了使所有的技能更加具体化，便制定了“职务目标”作为强化的标准。主管利用该标准判定部属之后，便可以明确告知部属，他的强项有哪些，哪些技能是有待加强的。透过这个方式，才能公正评价部属，也才能使部属拥有各自的课题和目标。

在前文中，我们一直强调的是“共同目标”“共同成长”，但没有提到“部属的个性”。但其实，每位部属都有各自的个性，在学习技能时，每个人的速度和程度也不相同。因此，如何认识部属们的这些个人差异，又如何加以灵活运用他们的个性，就是身为主管的一个非常重要的课题。

主管在进行人事考核时，可以将部属的情况与其职务目标相比较。当部属的评价达到标准以上时，就给予高度的评价；

未达到标准者，则给予较低的评价，并加以指导，使他能够达到标准程度。

不过，在众多部属中，可能有些人并不适合使用这套标准评价法。例如，有些部属可能在某项技能具有惊人的知识，但对于其他技能却丝毫不感兴趣，或者完全不懂。

这类型的部属通常被认为具有工匠素质。当部门里有这样的部属时，主管是否该要求他与其他部属学习相同的课题？或者硬性规定他，学习他所不擅长或完全不感兴趣的技能？

有些主管的回应是："由于部门内没有任何符合他兴趣的工作，因此，基于现实的情况，不得不让他委屈地负责他不擅长的工作。"在这种情况下，这位部属所得到的评价当然会在标准以下。

又如，许多公司碍于实际需要，将不想从事业务工作的部属分发到行销业务部门，却把喜欢从事业务工作的部属分配到会计部门。在这种情况下，主管又怎能期待部属会拼出好成绩呢？

这些被分配到自己不喜欢的部门的部属，或许会被视为不适应的部属。但事实上，其中有些部属虽然身处一个自己并不喜欢的部门，却也能够适应该部门的结构，并力求表现，最后获得超出标准的成长。

主管该如何对待这些不适应的部属呢？有些主管会把他们视为落后份子，并弃之不顾，但大多数的主管在采取这种放弃部属的态度时，上级会认为是主管的指导能力不足。所以，在有限的人员中推动工作时，无论如何，主管都不能因为部属不适应就放弃他们。

◎与部属妥善、充分沟通

碰到不适应的部属时，主管其实可以考虑以下几个对策：

1. 对某项技能极具精练，技术一支独秀，但却不想从事其他工作的部属，不妨培养他成为该技能方面的专家。

2. 对于那些被分配到自己不喜欢的部门的部属，告诉他们，在这个部门所学到的技能，待日后被调往所希望的部门时，将会有极大的助益。例如，某位部属希望从业务工作，但却被安排在会计部门时，主管可以告诉他：“成为杰出业务人员的一个重要条件，就是要懂得账目。现在你所学习的会计知识，未来等你调到业务部门时，绝对会是你技压群雄的一大有力武器。”

总之，在部门目标衡量下，当部属的某些技能明显低于标准时，不妨先加以指导，让他努力达到标准。但是，如果部属明显不适合或难以达到时，也不要强迫他一定要学习。

这时，主管应该与该名部属充分沟通。首先了解，他希望从事什么工作？将来的目标是什么？对目前的工作有什么看法？然后，让该名部属了解目前的工作对他有什么意义。当部属对此意义表示认同时，即使面对自己不擅长的业务，他的态度也会因此而有所改变。

另外，有些部属虽然完全能够胜任目前的工作，但人际关系却成为工作上的阻碍，使部属丧失工作热情。在这种情况下，主管就该重新检讨部门的人事组合，借由妥善的人事组合，使部属重燃工作热情。

有些部属会在工作遇到瓶颈或失败时，自信全无，情绪低落。看到部属因某种原因而无法发挥应有实力时，主管所能做的就是帮助部属恢复自信，而要做到这一点，最重要的是了解部属消沉的原因。

面对情绪陷入低潮、消沉的部属，主管不能以一贯的方式处理，一味地鼓励他“加油”“拿出热情来”，如此不仅无法让他恢复自信，还可能会弄巧成拙。

这就是主管有时候必须当部属的心理辅导师的原因，而且主管不能在倾听部属的苦恼之后，只是表示同情或者只是安慰几句，而要尽力帮部属解决问题，即使无法彻底解决，也仍需尽力一试。

留意部门内的人际关系

◎谁是部门里的意见领袖

身为主管，必须注意的不仅只是部门能否交出漂亮的成绩单，以及部属个人的工作表现，还必须非常注意部门内的人际关系。

因为，除了工作表现会影响部门的工作情绪之外，部属之间的人际关系，也会牵动部门整体与部属的表现。尤其当部属之间缺乏信任关系时，影响更为显著与深远。在这种情况下，主管就必须要能掌握谁是部属中的意见领袖，因为这个人是左右部门和谐与否的关键人物。

无论在任何组织或团体里面，都有一个能够发挥领导力的关键人物。虽然，主管是部门里最具官方代表性的领导者，但却不一定是部门里的关键人物。这个关键人物，是非官方的、暗地里的、幕后的关键人物。

主管绝对不可以认为这个关键人物只是一名部属，而轻忽他的强大影响力。当部门中出现了工作上的团结和协调不充分时，部属们就很容易受到这位关键人物的影响，团结在他的周围，并听命于他。

因此，主管与其阻止部属不受这个关键人物的影响，还不如努力思考该如何笼络部门里这位关键人物，好让所有部属的精力，得以投注在自己和部门的工作上。

无论关键人物是否会受到任何外部的影响，他在工作上的影响力是绝对不容忽视的。否则，当部门的技术与技能出现问题时，无论主管再怎么热心指导，都无法有效提升工作绩效。或者，无论主管再怎么要求部属遵守就业规则和其他部门规则，都没有太大的效果，也都无法得到部属的正面回应。

◎透过意见领袖指导部属

当部属对于主管的要求不给正面回应时，主管不妨从一位意见领袖的身上下手，说服他成为部属的榜样。

一旦主管成功做到这一点时，就会发现，部门整体的水准随之提升，工作效益也大为增加。

当这种情形发生时，就可以证明，在此以前，这位关键人物并没有按主管的指示行事，而其周围的人也都向他看齐，导致主管的指导无法获得贯彻。

仔细想一想，这种情形似乎也不足为奇。因为，主管并不是一天二十四小时都和部属一起行动，但部门里的关键人物却几乎都和同事一起行动。因此，主管若想要提升部门水准，最自然、最有效的方法就是，由关键人物做榜样，让其他人向他学习。

在实务上，寻求部门关键人物协助的做法，远比主管亲自指导、命令部属更有效。

不过，主管也不能对部门不闻不问，放任这位关键人物去指挥整个部门。

主管必须随时注意，这位人物和其他人的关系是否融洽，以及关键人物本身是否有独断专行的行为。当发现这位意见领袖的行为错误或有太过分时，就应该立刻阻止并修正。主管若不随时加以监督，总有一天，整个部门都会完全听命于这位关键人物的操控，而主管会沦落为花瓶的角色。

主管随时注意关键人物，目的并不是要监视他是否会带坏大家，而是主管要投入部门，切实把握以下两点：

1. 掌握谁是关键人物。

2. 经常找机会与这位关键人物对话。

总之，必须牢记，部门的大多数人容易受到某一个人或一小撮人的影响，所以，主管要随时注意部门内的人际关系。

第六章

懂得如何挑战部门变化

只会“默默耕耘”，不够格当主管

◎要具备“紧急应变能力”

主管的职责可以概括为两点：第一点，完成公司所赋予的任务，完成眼下的目标；第二点，展望未来，为明天的经营打造更好的基础。

无论哪一点没有做好，都无法成为一位称职的主管。

在实际工作中，一般主管都会优先考虑进行第一点。就像在本书一开始时所谈到的，当必须面对许多工作时，要以急迫性为优先。当有需要立刻处理的问题时，就必须采取紧急应变措施，而不是急着吹嘘自己的能耐。

只是，绝大多数以第一重点为优先的主管，凡事只注重表面，当工作告一段落后，就开始产生安稳、满足的态度。例如，当看到高层订下来的难以达成的月营业目标时，主管会紧张地四处奔波，争取订单。好不容易，终于达成目标了，就会得意地自夸“干得不错”，然后整个人就此松懈下来。遇到客户申诉时，就亲自前往赔不是，并想办法解决问题，等到事情平息后，却完全不做任何改善措施。

这样的主管，想要完成下个月的目标，也许是一项很难的挑战，因为每次客户发出相同的抱怨时，他就只是忙着灭“火”，却从不探究真正起“火”的原因，并想办法加以改善。

成功的主管应有的态度应该是，在紧急事情告一段落后，要回到原点重新检视与思考整件事情的所有问题：为什么会发生客户抱怨这种事情？又该采取什么措施，以防相同的问题再次发生？

至于以第二个重点为重的主管，在处理问题时，常以“分析中心”的角色寻找失败原因，却缺乏紧急应变的灵敏性。虽然在发生问题时去追究原因，是十分正确的做法，但却可能因为过度热衷于追究“为什么做不到”的原因，最后变成自我辩护，甚至转嫁责任。

当无法完成预定的业绩目标时，这类型的主管容易推卸责任，认为“都是因为……，所以才无法达成业绩目标”“都是因为××人的错，所以业绩目标才无法达成”，或是“都是因为环境不利于我们，所以才无法把任务完成”。

但对公司而言，目标没有达成、任务无法完成，都是既存的事实，找再多的理由也于事无补。

◎懂得思考治本的方法

显然，相较于擅长分析的主管，懂得紧急应变的主管要更胜一筹。但是，过度“紧急应变型”的工作方法，就会像随时抱着炸弹一样，即使解决了眼前的问题，也无法预知何时会再次爆发另一个问题。更令人担心的是，未爆发的问题，在经过日积月累后，会像滚雪球一样越滚越大，

以业务部主管来说，在业绩的压力下，采取硬性推销或接受一些奇怪的订单，导致大量退货或货款无法收回等问题。

当伤害还轻微的时候，也许还有办法解决。如果玩弄瞒天过海的把戏，一时虽然把问题压了下来，但几个月后，问题终于还是会掩盖不住地爆发出来。当源源不断的不良品被退回，以及不良债权一一出现时，便会影响公司整体的经营。

因此，为了避免导致这种可能难以收拾的危险情况发生，主管不应该偏重“紧急应变”或“分析中心”的工作对策，而必须两种对策同时交互使用。

光靠默默耕耘无法成功。当再怎样拼命努力，仍然不断犯下相同的错误和问题时，就要使用两个制胜手段：一是改变工作的组合；二是寻找其他可以获得相同成果的方法。

意思就是，绝对不允许赌运气，而是要下功夫。

如果不下任何功夫，只是用以前的方法默默地持续做下去，最后只会换得果然还是不行的叹息声，更会让部门或公司走入绝境。

由上述的说法可见，主管除了要懂得紧急应变之外，还必思考问题的治本对策，这才能成为老板眼中的行销企划大咖主管。

促进部门内的情报分享

◎促使经验丰富的员工分享成功秘诀

“主管必须随时革新部门”，这是上一节所谈到的一个重点。而要做到这件事的具体方法就是，重新检讨部门。

但在此，我们将进一步扩大范围，讨论如何透过更多情报的分享，为整个部门带来革新的气象。

想要得到最好的创意，集思广益远比孤军奋战更能得到意想不到的效果。所谓“三个臭皮匠，胜过一个诸葛亮”，主管若能结合部门整体的智慧，就能获得更好的方法和创意，绝对比主管一个人想破头更理想。更重要的是，这么做不但可以提高部属的参与感，促进部门活化，更可以促进部属能力得到开发。

其实，这个方法执行起来一点也不复杂，只要做到部门全体员工分享情报即可，而情报分享的具体做法是：

第一，主管要主动向所有部门成员告知部门的状况。

第二，要部属积极搜集公司外部的情报、创意和工作方法。

部门里有各种各样的人。某些人可能拥有令人意想不到的创意或工作方法，可以让部门的效率更上一层楼。因此，主管要贯彻执行好东西要和大家分享的做法。

也许有些主管并不喜欢好东西要和大家分享的做法，认为工匠脾气的技术人员，特别在意自己的专属工具，不愿和他人分享。因为，他只要使用这种工具，就可以做出正确的尺寸。显然，他们一定有什么秘诀不愿与人分享。其实，他们如果能够和部门的同事共同分享，部门的技术水准将会获得令人惊喜的提升。

又如，某位业务员拥有特殊的情报网，或独特的说服术，使他的业绩总是让其他同事望尘莫及。当然，这些人往往会害怕，一旦公开了自己的独家秘方就会吃亏。在这种情况下，厉害的主管就会想办法，妥善地引导这位部属，提供他的独门秘诀，让部门所有成员都能分享。

◎想办法搜集并活用情报

有时候，主管不需使用特别的手段，就能搜集到丰富的情报。例如，在业务部里，主管可以指导几位业务员，在外出或拜访客户时，搜集某些特定情报。

由于每个业务员都有各自负责的地区和产品，有时候，可以让业务员了解某些不属于自己业务范围内的地区和产品的相关情报。

这种方法可以令业务员发现自己过去所不曾注意到的盲点，

并因而搜集到意想不到的情报，至少可以促使业务员对以前毫不关心的业务范围外产品，有新的了解，这未尝不是一大收获。

与零售商或者与第一线工作人员聊天，可以搜集到对产品的改进意见；而从卖场主管和生产技术人员的口中，则可以听到出乎意料的新方法。许多积极提倡改善运作的公司，重视品质管理的小集团活动，都是搜集到创意与改善提案的好地方。

当了解这些情报的确有效时，就应该大力在部门内推动，鼓励大家共同分享这些宝藏。在推动时，可以借助精通图案、绘画、拍照与美工人员的力量，让情报的内容变得更有趣、通俗易懂。如此一来，部门就可以共同学习别人的成功经验。

无论是情报分享还是部门的革新、蜕变，万事开头难，但只要能够渡过这一关，成果就可以像滚雪球一般，越来越丰硕。

为此，主管除了机密事项以外，应该将公司、部门和工作的状况全部公开，使部门人员充分了解。同时，要让部属知道目前遇到了这样的困难，希望借助各位的智慧，积极地提供这种情报、方面的创意。

建立部门之间的“横向情报网”

◎纵向情报组织的“盲点”

只要能够推动自己部门内的情报共享，那么与公司其他部门的情报分享的想法，就并非不可能了。这种想法往往是克服目前所面对的障碍的突破口。

一般而言，不论公司规模大小，几乎所有的公司、部门，所能掌握的情报几乎都属纵向结构。因此，横向的联系只限于行销、业务与生产管理之间，工作流程中的接触。也就是说，公司内的其他部门完全没有接触，也是常有的情况。这也成为纵向组织的盲点。只要检讨这个盲点，很可能会因此获得打破部门之间，情报无法充分流通的有力手段。

有许多企业组织都有众多部门，或在全国各地设立分部，但部门之间或分部之间，几乎没有任何横向的联络。

例如，行销企划部门和营业部门，各有自己的大客户。但因景气下滑所致，客户下单的数量大幅减少。虽然两部门各自努力在大客户身上下功夫，设法争取更多订单，但却无法有进一步的成绩。而开发新客户的情况，也迟迟不见起色。

在这种情况下，如果行销企划部门与营业部门能够相互合作、交换情报，就可以发挥相当大的威力。也就是说，营业部门获得了行销企划部门的大客户的订单。这家大客户对行销企划部门的订单虽然已经无法再增长，但却可以把要下给别家公司的订单，转到营业部门，或者把不同产品的订单给营业部门生产。

相反地，营业部门也将自己的大客户介绍给行销企划部门。这家大客户对营业部门的订单已经满额了，但是他们与行销企划部门之间，却还可能有很广泛的合作空间。

如果这两个部门能够再进一步地与其他部门做横向情报联结，就可以形成公司内横向情报网，将可发挥更大的力量。

◎以公司的视野促进情报分享

横向情报组织的优点，并不仅止于客户的介绍而已。还可以使部门与部门之间，在事务处理方法、征人策略和客户组织化等方面获益匪浅。

很多公司内部的各部门，虽然经常受到同样的问题困扰，但却很少站在共同的利益上去讨论这些问题。而且，就某些事情上，某一部门处理起来轻而易举的事，另一个部门却觉得困难重重。

这种情况不是太可惜了吗？如果部门之间能够站在公司的

视野和部门共同的利益的角度上，大力推动横向情报的交流，很多难题自然能迎刃而解。

如果能够定期地举行部门之门的横向情报会议，就可以使全公司的情报都能充分地交流。可惜的是，在企业会议中，很少讨论这些问题，只重视营业额和生产的实际数字。至于情报方面，也仅限于总公司至各部门的纵向情报传达。

其实，负责各事业体的“总字辈”或“董字辈”人物，应该致力于增进所有部门与分部之间的合作和情报交流。但事实上，这些大人物满脑子想的就只有自己所负责的事业体，根本无暇也无心进行横向情报发展。

因此，部门主管就应该注意到这个盲点，然后能够站在公司的视野上，积极促进公司内部的横向情报分享。至少应该意识到，公司内还有其他同事，从事着和自己类似的工作，所以，只要抱有积极吸收优点的态度，就一定可以找到部门革新的方法，使部门从现状中蜕变。

总之，身为部门主管，千万不要在部门内故步自封，而要尽力地排除派系主义，站在全公司的视野上推动工作。

妥善利用外部智慧的方法

◎抛开抗拒心态，坦诚接受外部的智慧

所有部门人员搜集、分享情报，并充分利用公司内的横向情报网，这种使用情报的新方法对部门非常重要。然后，如果能够在此基础上，灵活运用外部的智慧，则可以收到加倍的工作成效。

你部门内的员工最了解自己的部门。但是，同部门人员的想法，往往会陷入相同的框框里。不像其他部门的工作人员，很可能因为“当局者迷，旁观者清”，看到一些你部门内的工作人员所无法注意到的问题。

该如何把这个框框扩大呢？最好的方法当然就是借助其他部门人员的智慧。例如，如果你是行销部门的主管，那么也许可以请技术部门、会计部门、生产部门的工作人员帮助，或许他们可以很清楚地看出行销部门的问题。

同样地，自己公司的优点、缺点，在被业界其他公司的人一语道破后，往往令人恍然大悟。

人们总是认为，只有身处内部的人，才是最了解自己部门、公司、业界的问题，的确，大部分情况下也确实如此。然而，有些时候，僵化的观念和先入为主的观念，会影响人们正确认识问题，使问题始终无法得到完善的解决。

部门内的问题虽然可以借由共同分享情报以及集思广益后，积极寻求解决之道。但是，也可能有无法顺利解决的时候。这时候，一个有效的解决方法就是，借助外部人员的智慧和力量，并加以灵活运用。对于这一点，虽然道理通俗易懂，但在执行起来却有令人意想不到的障碍，这些障碍包括：

1. 那个外部人到底懂些什么?

2. 部门内的人会认为外部人是在指责自己，而有反感情绪。

3. 部门内的人会认为家丑不可外扬，所以不想泄露秘密。

这些心情和想法是最大的障碍。也就是说，这些是部门内的人的抗拒心态障碍。其实，仔细想一想，所谓的“家丑不可外扬”也未免太小题大作了。因为，除了一小部分高度机密的情报的确不可昭告大众以外，这种“抗拒心态”只代表了自己的心胸狭窄吧。

当部门因为某些问题而陷入困境时，如果认真地想要改变这个困境，想要从现状中蜕变时，就应该舍弃这种狭隘的想法。只有当自己变得谦虚、坦诚时，才能够灵活运用外部人员的智慧，掌握飞跃性的线索。

◎灵活运用顾问的建议

是否该“不计对象”地借助外部人员的智慧？这虽然是方法之一，但还是要选择一下对象。选择的条件是：

1. 这个对象必须具备洞察他人的能力。

2. 当自己遇到任何困难时，这个对象都能够给你适当的建议。

要准备的选择这个对象，最简单的方法就是，灵活运用这方面的专家，也就是外部的顾问。不过，就像看医生时，每个医生的专业程度参差不齐一样，你要选择的顾问的素质也是良莠不齐，因此，需要观察对方的能力后再做决定，才不至于浪费金钱，却得到根本不切实际的建议。

选择顾问时，至少要过滤以下几个问题：

1. 对方对问题了解多少？

2. 对方提出的解决问题的方法是否合理？

3. 对方的实务经验有多少？

值得特别注意的是，实务经验并不能与知名度划上等号。所以必须充分了解对方实际与部门密切合作的程度。有些名声大噪、被偶像化的顾问，反而远离实务，变得肤浅而不切实际，而且收费还特别昂贵。

因此，在委请外部的顾问对部门进行调查、诊断、劝告和教育等工作时，最好不要以费用作为评估标准。虽然便宜没好货有其一定的道理，但是收费昂贵也不一定代表就能收到好效果。对方的人品和实力才是最重要的考量要素。

总之，在某些情况下，借助部属人员和专家的智慧，的确能够迅速又有效地为部门解决问题，因为对方毕竟是没有直接利害关系的局外人，所以才能做出冷静、客观的判断。而且还能提供：

1. 业界以外和国外的广泛情报。

2. 当改革方案需要获得公司高层的认可时，他的建议具有说服高层的能力。

不过，在寻求外部人员或顾问的智慧和协助时，别忘了将对方的提议具体化，并将它转为主管自己的方式。把一切交由外部人处理，是本末倒置的做法。

第七章

人格魅力——成为大咖主管的通行证

“提升人格”才会被赏识

◎满脑子只有工作的主管，无法获得老板赏识

革新部门以追求更高的工作成效，是主管获得老板赏识的要素之一。为此，主管必须随时自我启发和与自我革新。如果主管只守着上级和部属的工作形态，将无法取得任何人的协助，也没有人愿意追随这种不知求新知、求应变的主管。

在时代潮流和全球经济变化下，公司和主管都必须随着成长，并随时调整工作策略，以应对景气更迭和企业之间对有限市场的竞争。一旦无法应对这些变化，公司、部门和主管都会遭到淘汰的命运。

在指导部属和管理部门上，光靠权威、地位和金钱的刺激，已不再能够发挥作用了。现今，就管理一个部门而言，主管无法只凭自己是主管，就可以随心所欲地指挥部属，而必须具备相应的判断力、企划力、统御力，才能令部属信服。

此外，主管还必须具有工作上的专业知识、技能，更要不断地吸收广泛的知识、视野和情报。总之，主管必须让自己成

为一个工作能干的主管。不过，只是工作能干还不够。

也许主管能够游刃有余地企划工作，并发挥众人的力量推动企划案。但在此过程中，如果无法对微妙的人性加以理解，就无法顺利推动任何工作。“满脑子只有工作”“心里只有公司”的人，会令人感到厌烦，最后众人将离他而去。

如果无法理解时代潮流和变革的主管，将会被职场淘汰。尤其身负推动业务重责的主管，必须充分掌握时代的起伏变化，并随之努力提升自我。

这并不表示只须简单地读书增加知识，或四处搜集情报。

重要的是，必须以“提升人格”为目标。具有人格魅力的人，可以成为成功者；而成为成功者，则可以提升人格魅力，这是身为主管的必要条件之一。

◎拥有“人格魅力”的五项要素

如何才能“提升人格，拥有人格魅力”?

它的答案很难用几句话就讲清楚，也没有正确的答案。它是人类一门需要终身学习的课题。但在这里，我们将从“主管的实务”的角度，尽可能陈述具体的方法。

虽然提升人格并没有正解的答案，但如果勉强要讲一个答案的话，那么，前人针对“该怎样做人”的教义，或许可以列成为正解。虽然，有时候必须借鉴前人的教义，但在此，我们要将讨论的焦点，集中在“有魅力的主管”上。

成为“有魅力的主管”的秘诀，包含五项重要要素：

1. 寻找值得学习的典范。从历史人物、当今成功的经营者，或自己身旁的主管身上，寻找值得尊敬的人，并努力学习其风范。

2. 了解自我并充分发挥自身优点。向典范学习，的确是成长、提升自我的重要关键，但每个人的性格特质不相同，立场与所处的环境也有差异，别人做得到的，自己不一定就能做得到。有时候，模仿他人反而会弄巧成拙。因此，除了学习成功者外，提升人格的最佳方法是，“充分了解自我，发挥自我”。

3. 拥有丰富的优秀助力。只有当充分了解自我后，才能够充分了解自己能力的界限，也才能看到他人身上的优点，并懂得加以充分利用。充分了解自我的人，交游广阔，与各行各业的人都有心灵交流。因此，情报与创意都十分丰富。他们能够充分了解周围人的长处，并透过这些人的协助而获得成功。

4. 乐观又有人生目标。人格乐观的人，具有价值的目标，并以肯定、乐观的态度思考问题。相反地，悲观的人，不知人生目标为何，丝毫没有魅力可言。

5. 坦诚且具备优秀判断力。身为主管，必须具备优秀的判断力。要做到这一点，就需要有坦诚、谦虚的人格特质。因为，即使人品优秀，但如果缺乏判断力，或自我意识过度强烈又无法坦诚，这样的人必将失败。

寻找典范，学习人格魅力

◎学习典范的生活方式

要成为有人格魅力的人，最重要的是，寻找值得学习的典范。

具体而言，阅读伟人传记、历史人物小说，或当今成功的经营者的自传等，可说是最迅速的方法。但是，对一般上班族来说，这个方法并不容易实践。再者，历史小说中的传闻轶事和英雄化的人物，其真实性也令人怀疑。因此，若要从这些书籍中学习时，应该要选择学习他们的生活方式，而非学习他们的处事态度。

若觉得伟人传记或历史人物过于遥远，想要学习贴近实际生活的现代典范，那么不妨仔细观察自己身旁的经营者、各部门主管、前辈和同事，并分析哪些人成功，哪些人失败。

必须注意的是，不要以短期的视野加以评价你所要学习的对象。因为，时代的变化不会停留在某一时期。以前，头脑灵活的人也许比较受到肯定，比较没有个性和自我主张的人比较容易成功。但随着商业环境的改变，这些人格特质的人，在现代这个社会，已不再被视为成功的典范。

另外，也不能依个人的喜好加以评价。看到别人的工作方法、运用人材的方式、思考模式等，与自己不相同时，若有值得自己学习的地方，就应该积极地吸收。

尤其是那些自认为是实力派的主管，当遇到那些“明明我的实力就比他强很多，但是为什么上级更信赖他，部属如此支持他，更可恶的是他的业绩这么好”的人时，更应该向他们好好学习。而不是情绪化地感叹自己时运不佳，对自己无法得到上级与部属的认同，感到不公与不满。

◎使人格魅力倍增的秘诀

有些人虽然看起来不起眼、没什么实力，但却拥有极佳的人缘，不但受到上级与部属的欢迎，而且工作表现也非常受肯定。其实，这种人就是具有一种不可思议的魅力。

这种魅力是无法用逻辑加以解释的。也许这种人格魅力是与生俱来的。但是一个人绝对不可能只靠与生俱来的人格魅力就能获得成功。

那么，难道他的成功要归功于好运气吗？这的确也是原因之一。但是，还有以下这两个事实不容忽略：

1. 任何人都有运气好、运气差的时候。

2. 即使是同一个人，心态不同，事情的结果也会不同。

没有人可以永远享有好运气，同样，也没有人会一辈子走霉运。那些看起来运气很好的人，其实也不停地准备和努力着，不断地累积实力，并且懂得及时把握机会。当面对逆境时，他们也会知道如何忍耐，摆脱困境。

什么样的魅力可以让人成功？它们就是前一节中所讨论到的，提升人格魅力的五项要素中的第二至第五项：

■了解自我并充分发挥自身优点。

■拥有丰富的优秀助力。

■乐观又有人生目标。

■坦诚且具备优秀判断力。

虽然有些人看起来不起眼、没有什么实力，但他们之所以够获得成功，通常具备了以上的条件。因此，只要你致力培养出具备这些条件，你也可以成为一个有魅力的人，一样可以获得成功。

了解自我并充分发挥自身优点

◎充分了解自己，并把优点做最大程度的发挥

为了使自己获得成长，拥有人格魅力，所以要寻找良好的典范，学习他们的生活方式，吸收身旁的前辈、同事的优点。但一如前文所说的，每个人的个性都不一样。有时候，典范的优点与长处，自己怎么都学不会，甚至还弄巧成拙。

身为一个主管，除了必须学习典范们共通的优点外，还必须充分了解自己，并把自己的优点做最大程度的发挥。

当一个人充分了解自己时，才能看到别人的个性和长处，并加以尊重和充分利用，并因此而懂得如何运用人才，发挥身为指导者的超群力量。

每个人都认为自己最了解自己，但是，往往每个人都有许多自己没注意到的地方。

根据一份对主管所做的分析，结果显示，那些业绩低迷，无法获得部属支持的主管，他们的自我评价与部属对他们的评价，两者之间存在着极大的落差。相对地，那些自我评会与部

属对他们的评价一致的主管，则无论在业绩上或人际关系上，都显示出他们是优秀的主管。

以那些自我评价与部属评价有很大落差的主管为例，自我评价优秀的主管，总认为自己能力很强，对部属也很照顾；但在部属的评价里，却认为他是不懂体谅部属又爱唠叨的主管。

其实，导致主管无法顺利推动工作的原因，正是这种态度，同时，也因为他们一直无法或不愿意正视这样的事实，才造成他们怎么都无法获得肯定与支持的悲剧。只有当他们能够正视并坦诚接受这个问题时，悲剧才有可能获得改善。

◎正确了解自我，才是进步的开始

在某大企业担任营业部经理的林君，就是这一类型的主管。公司每年对所有员工进行两次工作评价。对于自己的工作表现，他都给予最高度的评价。但是，部属对他的评价却正好相反。

这样的认知落差，对林君无疑是一个沉重的打击。事实上，在部门里，林君经常发生错误指示和抱怨工作的情形，部门中的每个人也都各做各的。但是，林君是个工作非常拼命的人，所以，才会给自己最高的评价。

刚开始时，林君对于其他人的评价无法接受，甚至认为一定是有人在背后操作，否则为什么除了自己之外，所有人都给他极差的评价。但在心情逐渐平静后，他开始冷静地思考几个问题：

1. 为什么部属不接受自己？

2. 为什么部门内的问题特别多？

经过这番思考后，他开始积极地支援部门在重要厂商那里所推广的小集团活动，并付诸实际行动。这个举动令部门的气氛活跃起来，而业绩也迅速成长。

几个月后，当公司再度进行评价分析时，林君的自我评价竟然出乎意料地很接近部属对他的评价。

由此可以发现，即使是同一个人，只要对自我有正确的认识，并改变对事物的观察态度，就可以改变别人对他的看法。

其实，即使不透过公司的评价制度，也有很多机会可以充分了解自我。例如，别人在背地里对自己的议论就是如此。当听到别人在背后批评自己或说自己的坏话时，都会感到不高兴，而且会痛恨他们为什么不当着我的面说。

问题是，当有人当面向你提出忠告时，你真的能够坦诚地接受别人的意见吗？或许，大家都知道你根本就听不进任何负面的批语，也或者你的自我太强烈，会令对方感受到一种压力。所以，没有人愿意向你提出任何建言。

总之，嘴巴长在别人身上，笑骂由人。无论在哪里，都有一些散播不负责任的流言和喜欢恶意中伤他人的人。何必整天为这种事生气，为这种事计较？

然而，或许在这些流言和背地的议论中，总是隐含着一些你有待改善的问题。因此，在日常生活中，要珍惜真诚的忠告，也要冷静地倾听有关于你的流言和批评，就可以真正地了解自己。

拥有丰富的优秀助力

◎因尊重人格差异而获得助力

充分了解自我是提升人格魅力和走向成功的方法之一，但还有另一个方法也具有同样的功能，那就是拥有丰富的优秀助力。

这两者互为表里，而且能够发挥相辅相成的效果。充分了解自我，可以让人发现自己的缺点，也可以看到别人的优点。即使别人和自己是不同类型的人，也能够尊重对方。对自己而言，能够了解与自己不同类型的人，才是最珍贵的事。

不懂得尊重与了解人与人之间差异的主管，根本不可能培养出比自己更优秀的人才。因为，这种领导者所带领的团队，不可能发挥出超过领导者水平的力量。

在商场上，成功的主管和经营者，总是随时在观察周围的人，一旦发现对方的优点，便会求才若渴地将他网罗到自己的手下工作，并借由这些优秀的助力，将自己的事业再往前推进一大步。

这样的领导者，除了对部属、公司内其他部门人员外，对公司以外的人也能发挥相同的力量。因为他们了解，正因为能得到各种不同类型的人的协助，才有今天的自己。所以，他们绝对不会逞威风，或是强迫他人。而正因为具有这样的人格魅力，使周围人更会不遗余力地协助他，使领导者的声望不断提高。

这就是领导者“德”的力量。德高望重的人在工作上所向披靡，可以凝聚越来越多的力量。表面上看来，这似乎与那些靠金钱和权力扩大自己势力的人无异。但是，当遇到困境时，两者本质上的差异就会明显表露。

在陷入困境时，靠金钱和权力扩大自己势力的人，会立刻崩溃。相对地，德高望重的领导者，则会更团结齐心、发挥潜力，努力克服困境。

如何才能拥有丰富的优秀助力？也许人们认为很难做到，但只要下定决心，就会发现，其实并没有那么困难。

◎五项要素的相互关系

前面谈到了提升人格魅力五项要素。为了成功拥有丰富的优秀助力，必须努力做到其中的第四和第五项。也就是：

■乐观又有人生目标。

■坦诚且具备优秀判断力。

这两项要素都与拥有丰富的优秀助力有着密不可分的关系，

一旦具备这些要素，就可以使环境发生不可思议的变化。

首先是第四要素的“乐观又有人生目标”。当有明确的理念、理想和目标，并表现出积极向目标前进的态度时，周围的人一定会感受到他的魅力。这与第五项要素的“坦诚且具备优秀判断力”有很大的关系。

无论多么乐观，具有多么明确的目标，但若只是故弄玄虚、开开空头支票，或许可以短时期令周围的人感受到魅力，但最终人们还是会因为失望而渐渐远离。但如果能够态度坦诚，倾听他人的意见，并且具有准确判断力时，将可以获取相对的成果。

因此，魅力的第三、第四、第五项要素彼此相关，彼此发挥着相辅相成的作用。

有人格魅力的人，具有明确的目标，以积极的态度向目标前进，且能够广泛与自己不同类型的人交往，学习他们的长处。而且，能够坦诚倾听他人的意见。他们能够不计较眼前的得失，与形形色色的人交往，因此，情报也特别丰富，也有许多人愿意向他伸出援手。

自定目标并保持开朗的心

◎“自发的意志”可以带来“健康”

本节将以第四项要素“乐观又有人生目标”、第五项要素“坦诚且具备优秀判断力”为主，讨论“健康”和“运气”的相互作用问题。

所谓“乐观又有人生目标”代表：随时保持开朗、积极的心态，拥有具体的目标，不断努力和下功夫。

这样的人会让身旁所有人感受到他的人格魅力，众人会聚集在他的周围，主动且自愿地帮助他。但是，这种情况必须在不受制于以下两种压力下才能成立：

1. 因为受到别人的强制才这么做。

2. 本来想要那么做，但在周围的形势下，不得不这么做。

如果是受到别人的强制而朝向目标努力，将无法获得应有的成果。制定目标必须是自发性的，并以开朗的心情积极努力追求。如此，才可以用愉快的心情工作，以开朗的心情与他人接触，所做的一切都很自然，这是非常关键的。

如果为了获得财产或社会地位，而做一些不自然、不合理的事时，迟早都会露出破绽的。当受到他人的强制，或是碍于周围的形势而不得不这么做，终会导致巨大的“精神压力”。

健康与天生的素质有很大的关系。但重要的是，一个人的心态、生活方式也会影响到健康状态。身处一个压力巨大的环境，如果能够按照自己的意志，拥有明确的目标，并朝向目标努力的人，就不会认为这些艰苦的条件是一种苦。相反，如果是心不甘，情不愿地做某件事，稍微一点的压力就会造成很大的伤害。心情也会随之灰黯。

健康也是提升人格魅力的重要条件之一。一个体弱多病的人，无论在做任何事时，都会力不从心。尤其是精神上的不健康更是致命伤。当精神不健康时，就无法做出正确的判断，经常会情绪焦躁，影响身体的健康。

无论生活多么有规律，无论怎样锻炼身体，或多么注意饮食，如果精神上不断承受来自外界的压力，身体就无法健康。

◎“众望所归者”自然可以获得一切

是不是在工作上采取逃避的态度，避免承担责任，就可以避免承受精神压力？

事实刚好相反。因为，如此的自我保护，反而会成为一种强大的精神压力，而在这种压力下，只要稍微遇到一些挫折，就会受到巨大的伤害。

能够保持精神状态健康的态度是——充分了解自我，能够按自己的意愿，向有价值的目标挑战的人——只要保持这种态度，就可以在不知不觉中保持精神健康，提升自我。

身心健康的确是人格魅力和成功的重要条件，它与人格魅力的第五项要素“坦诚且具备优秀判断力”有很大关系。

当一个人拥有目标，积极追求，并保持坦诚的态度时，就会认同与自己想法或人格差异的人，并会寻找彼此的共同点。

这种人不容易与别人对立、冲突和斗争，也因为情绪平静而很少判断错误，所以一切事情都可以进行得很顺利。人们甚至觉得他很好运，是个可以呼唤好运气的人。

品格高尚的人，在获得成功时，不会骄傲自满，反而会以自然、坦诚的态度说：“全靠大家的努力与帮忙”。他的态度与所说的话，并不是要心机或玩弄外交辞令，而是坦率地表达内心的感谢心情。

他的态度让周围的人觉得，“这个人虽然很成功，但却很谦虚。”于是更加敬重他、更信赖他。

因此，精神健康时，就可以保持坦诚，保持坦诚就能够正确洞察事物，就不会发生判断错误。因此，凡事都得以顺利进行，即使不刻意设定目标，品德高尚者自然可以获得“健康”“财富”“社会地位”“成功”“魅力”“洞察力”“判断力”“情报”“人脉”。

为了成为品德高尚者，必须随时牢记前面所提出的人格魅力的五项要素，并努力贯彻执行。

结语

跨出第一步，并持之以恒

无论在任何方面，看似非凡的人其实未必是天才，只是脚踏实地执行别人根本没有想到要去做的平凡事而已。所以，想要成为一个大咖主管，除了清楚主管的职责外，更要付诸行动。

主管所要做的，并不是什么了不起的伟大任务或超出常人的超级任务，而是充分了解几件事：

1. 要往哪个方向前进？

2. 该做些什么？

3. 激起身旁的人团结一致地朝这个方向努力前进。

要做到这些事情，主管就必须具有人格魅力，才能够获得他人的信赖和敬重。主管必须具有某种程度的业务执行能力，而且不论技能好坏，都应该有“体验看看”的态度。

主管不一定要冲锋陷阵，而是要让部属有“只要有他在，一切都可以搞定”“可以为了他拼命”的感觉。因此不能只看重眼前的利害得失，要放眼未来，掌握先机，带领大家往正确的方向前进。

最重要的是，不可以停滞不前，而要不断设定下一个目标，积极地与各行各业的人交往，只要以坦诚的心与他人接触，就一定可以获得信赖和协助。

问题是，要怎么做才能达到这种境界。那就需要勇敢地跨出第一步，并持之以恒。也许眼前会出现许多障碍和制约，但是只要跨出这一步，你就会发现一切其实没有你想像的那么困难。

虽然每一天的变化很小，感觉好像没有前进、没有进步，但只要持之以恒，一天一天地累积，总有一天一定可以超越原来设定的目标，使自己获得巨大的成长。